メモしてつなげるだけ！

スラスラ作文術

松永暢史

はじめに

読者の皆さんへ。

おたくのお子さんは、作文が好きですか？　大好きで国語の成績もいい、そんなお子さんをお持ちなら、この本でさらに実力を磨いてください。ぐんぐん伸びるはずです。「作文と聞いただけで、いやーな顔になる。何を書いていいかわからないって、頭を抱えているだけ」。そんなお子さんなら、ぜひともこの本で、「作文力」をつけてあげてください。小学校の1年生だろうが、4年生、6年生、いやいや中学生だって遅くはないのです。

さあ、どんどん読んでみてください。

この本の内容は、どのお子さんでも、簡単に、しかもあっという間に作文が書けるようになる画期的な方法（指導方法）です。子どもが文章を書くことを苦痛に思わないで、楽しんでやる方法を皆さんに知っていただくことが、この本の目的なのです。

あらゆる学習の要は国語力です。

言葉を通じての理解力こそ、すべての学習の源です。つまり、国語の力があることが、学習の基本になるのです。

この国語力は、読む力により基礎づけられ、書く力により本格化されます。受験のプロとして長年生きてきた私に言わせれば、小学校中学年以降のあらゆる学習において、最もたいせつな基本能力は、実は文章構成力ということになるのです。

英語教育の早期化と充実より、しっかり整備したいのが、日本語で文章を書く力、つまり作文力です。

文章力があれば、多くの学習が楽にこなせます。自分で書いたノートを活用できます。ふだんのテストでも高得点を自分のものにできます。おまけに、入試国語では圧倒的な威力を示します。

考えてみれば、勉強がほんとうにできる子どもたちのほとんどは、よく作文が書ける子どもたちなのではないでしょうか。そして、皆さんもよくご存じのとおり、学年が上がって試験がむずかしくなればなるほど、その試験の実際の内容は、最終的に文章力を前提としたものになっているのです。

だからなおさら、もし皆さんがお子さんの受験戦線突入を決意したならば、モーレツ進学塾へ入れる前に、本来するべき最初のことこそが、この文章力の養成なのです。

そして皆さん。文章力があれば、たとえもしその子が勉強嫌いで勉強ができなくても、ひけめを感じる必要などありません。いやそれどころか、最もたいせつな大学入試や、さらにたいせつな入社試験も、あらゆる資格試験も、出世にも、転職にも、先へ行けば行くほど、有望な人材になりえるのです。もちろん、文章を書くことを仕事にすることだってありえるのです。

文章力こそ、人の知的能力を測る、真のバロメーターです。これ以上のものもないし、これ以下のものもない、と言ってもいいくらいです。情報が何より重要になってくる、これからの世の中では、ますます文章が書けることが必要になると考えられます。

そして、社会の一員として活躍し、歴史に名を刻んだ者のほとんどが、実は自らの考えや行いを言葉であらわすことができた者たちだという、そんな事実を前にするとき、わが子の未来を思う親たちが、何としても子どもに与えるべき能力は、文章力にほかならないと、私は確信しています。

松永暢史

スラスラ作文術は
こんなに簡単!
自分も作文が苦手。
教えたくても、書き方も教え方も
わからない…
どう書いたらいいのか、
ぜんぜんわかんないよー!
あの、
松永先生!!!
作文なんて、
簡単に書けちゃいます!

早速、作文を書いてみよう!
うん!
わー! すらすら書けちゃうよ!
すごーい! こんな簡単に作文が書けちゃうなんて!
この本で、作文がスラスラ書ける、かんたん作文術を、ばっちり伝授します!

CONTENTS

第4章 自由に子どもに作文を書かせてみましょう 057

第1章
発想の転換で、作文は簡単に書ける

大切なのは、発想の転換

苦手意識はつけさせない！

作文!?　ヤダー。チョーめんどくさい。アタマ痛い。

これがたいていの子どもたちの声です。高校生ぐらいになると、ちゃんとした文章なんか書けない、書いたことがないという子もたくさんいます。

いつからそうなるのかは、はっきりわかりません。しかし**中学校へ上がるころには、ほとんどの子が、「作文は大変で苦手」**、と思うようになるようです。

これは妙なことです。どうして学年が上がるにつれて、作文がうまくなる子が増えないのでしょうか？　というより、繰り返し書かせるのだから、本来だれもが書けるようになるのが自然なのではないでしょうか？　その理由は後でおいおい明らかにするとして、子どもたちにとって、そして親にとって、このことは大問題です。

なぜかというと、まず、子どもたちは、小学校入学から中学校卒業までに、年に最低2回は作文を書かなければならないからです。

新学期の作文。遠足などの行事についての作文。社会科見学や鑑賞会などのレポート作文。夏休みに課題とされる読書感想文。学年末の思い出作文……。2回以上かもしれません。これは簡単に見積もると、わが国の子どもたちが中学卒業までに20以上の作文を書くことを課せられていることを意味します。

おわかりでしょうか。作文を書くのが苦手だと、繰り返しその苦痛を味わわなければならないのです。そして、**中学入試で難関校の合格を果たす生徒たちは、ほとんど文章が書ける者**たちばかりです。

さらに、学年が上がるにつれて、文章でノートをまとめたりテストの答えを書いたりすることが多くなってきます。社会や国語の記述解答ばかりではありません。

英文和訳も実は日本語文章力がものをいいます。授業理解の深さにも差がつきます。文章力がないと、アタマに悪い暗記学習に走るしか道がなくなるのが通例です。

さて高校入試。まず推薦入試。これは私立でも公立でも作文を課すのが定番です。そして一般入試。あらゆる面で文章力が重要になります。上級私立高の入試国語は、記述力を見るためのものと言っても、過言ではありません。

高校の勉強では、多少の文章力が前提となって授業が行われます。ノートや黒板の文章も長いものになっていきます。単に板書きを写すことから、聞きとったことを自分でまとめて文章化することがだんだん主流になっていきます。

そして大学入試。推薦入試・アドミッションオフィス（AO）入試は、はっきり言って作文の試験です。一般入試も、上級校受験には文章力が欠かせません。

東大、京大、一橋大、慶応大などの入試では、文章力を前提にしなければ受験する意味すらないことになるでしょう。東大入試の決め手が、2次の、国語記述と英語要約・和訳と理社の文章記述であるからこそ、これを目指す6年制の私立中高一貫有力校の入学試験に、ハードな文章記述の出題があるのです。

「ペンは剣より強し」というのは、ほかならぬ東大合格者連続トップの、開成の校章の紋様ではないですか。

子どもの将来を決めるのは文章力

何とか子どもに高学歴を与えたい。そう思ったとき、親がまず考えるべきことは、どうやったら、子どもにほんとうの文章力をつけさせることができるか、それに尽きるということになるでしょう。

けれど、親にとっていささか問題なのは、その**たいせつな作文力が、学校の国語の授業では通常培われない**ということです。

塾でも、極めて特別なところを除けば、作文力をつけてくれることを本気で考えているようなところはまずありません。

ということは、わが国では今のところ、子どもに作文を書けるようにさせる決定的な方法が発見・公開されていないことを示しているのかもしれません。子どもの未来を思う親にとってこれは大問題です。最もたいせつな作文力が手に入らないのですから。

この本では、それをお教えします。

その方法を知った方は、即座に「なあんだ、そうだったのか、考えてみればそれが当たり前のやり方だよなあ。どうしてこれまでだれも教えてくれなかったんだ」と口になさると思います。

はっきり言ってこれを知れば、作文は簡単です。同時に、書かれたものについての本質的な考え方が変わります。そして、これを知った子どもたちは、作文の持つほんとうの力に目覚めます。

覚悟してください。作文が書けるようになった子どもたちは、大人のいい加減な言動を許しません。鋭い突っ込みにやられっぱなしになります。考えてみれば、学校で本格的な文章術を教えないのも、無理はないかもしれません。文章が書ける子どもが多くいたら、教師はやられっぱなしで授業にならないでしょうから。

固定観念は捨てる！　文章構成は遊びです

形式や枠にとらわれないで！

それでも皆さんの中には、自分自身がつくづく作文が苦手と思い込んでいる人もいるでしょう。あるいは、作文を書くのが大嫌いという人もいるでしょう。そういう方のために、もう一度作文がとても簡単なものであることを、まずは、親であるあなたに強調してみます。

作文を**「書かなくてはならない」という考えを捨てましょう。**適当にやっていると、結構オモロイものができるものだと考えましょう。

それは自己の潜在可能性、つまり気づかなかった才能を見つける旅でもあります。自分からこんなものが生まれるとは、ある意味驚きでもあります。わが国の名文家代表の兼好法師も『徒然草』の冒頭で、「心に浮かぶままに書きつけていたら、後で読み返すと、何か我ながら不思議な思いでいっぱいにさせられるものができてしまったよ」と言っています。

読者の皆さん。これまで皆さんに植えつけられた暗い作文のイメージは、すべて皆さんの受けた教育の欠陥によるものです。自由に書かせず、形式や枠にはめる。こうしなければいけない、ああしなければいけないということほど、表現教育にとってマイナスなものはないのです。

子どもが自然にやりだしたものを、上手に味わい、見守ってあげることこそが大人の仕事です。あれこれと批評すること、作文指導においてこれほど後々悪い影響を与えるものはないのです。

薪《まき》は火の中にくべれば皆燃えます。別に燃やし方の形式なんてありません。ただ燃やせばイイだけです。必要なのは火にくべるべきものを探してくることだけです。そのうち偶然、チョーよい燃え方をするものが出るのです。そうしたらメチャぼめします。

だれでも作文が書けます。唯一の究極の基準は「あはれ」と「をかし」くらいです。作文とは、単なる脳内燃焼作用です。頭の中にある「材料」に「火」をつけて燃え上がるようにしてあげるのが第一の仕事です。

メモしてつなぐ。ただそれだけ

これまでの作文の流儀、考え方を完全に捨てましょう。**作文は書くものではなく、読んで字のごとし、作るもの**です。

文章の実体は、個々の言葉の組み合わせです。私、あなた、好き。私はあなたが好き。あなたを私は好き。好きなの、あなたが、私は。どれでもかまいません。たいせつなのは、「私」と「あなた」と「好き」が欠かせないところです。後は、「とっても」を入れたり、「死ぬほど」を入れたり、トッピングも自由です。まず、言いたいことをあらわすのに必要な言葉を選び出して、それを基に文章を作るのです。それを繰り返していくつか文を作り、最も有効な形に並べ替えてみます。

私はあなたがとっても好き。
あなたなしには生きられない。
思うことばはありがとう。
母の日お母さん
いつもホントにありがとネ。

これは小学2年の女の子が書いた、母の日の言葉です。「好き」、「生きられない」、「ありがとう」などの言葉を選び出して、いくつか短文を作り、並べ替えただけです。子どもが自然に思っていることを出して、つなげただけ。でも、読んだ母親は感激して泣きました。

思いを伝える、ナマの言葉に気付きましょう

実は、これにはちょっとだけ秘密があるのです。作文をつくるために使う言葉を、「お母さん」、「好き」、「いつもありがとう」と紙にメモっているうちに、「何かもっといい言葉ないかなあ。最近気に入っている言葉とかないの？」と尋ねたところ、しばらく考えていた彼女が口にしたのが「あなたなしには生きられない」という言葉。これは巷《ちまた》で流れている歌の歌詞にあるもので、彼女お気に入りのフレーズだそうです。

私たちは、まるでいけないことでもするときのように、笑い声を抑えながら、これを使ってみることにしたのです。

「ほんとうに、そんなことしちゃってもいいの？」

「だってこれだって、もともとこの人が作った言葉じゃないじゃない」

皆さん、これでもよいのです。それに素人《しろうと》が玄人《くろうと》の真似《まね》をして、どこが悪いのでしょう。**たいせつなのは、自分がどうしても使いたい言葉を、どこかから引っ張ってくることだけ**です。だから、これまでの作文についての考え方を、いっさい捨ててほしいのです。心を澄ませて、**自分の内面にあるナマの言葉に気づけば、作文なんていとも簡単**なのです。たいせつなのはそれを作る「心」であって、それを包む「形式」ではないのです。

書いたものを自分で読んで、「どうやらよいものができた気がする」と確認したとき、子どもたちの顔には、偶然いいことに出会って得したときのような、同時に、どこか誇らしいような、照れくさいような、なんとも言えず微笑ましい子どもらし

い、かわいい表情があらわれます。ここで親のするべきことは、びっくりしたようなおどけた表情を見せて、

「天才だ！」

と、言ってやることなのかもしれません。ともかく、**「ほめる」ということは、教育マジックの原点**ですから、少しでもいいものを作ったらほめてあげて、子どもにそのときの自分が感じた「高まり」を認知してもらうことがポイントです。これこそ最高に教育の理と目的にかなった秘術です。子どもをよく観察し、少しでもその努力や美点がみられたとき、ほめる大人は、皆よき先生です。

まとめ

☆文章は、書くというより作るもの。
☆「ナマの言葉」を拾い集めれば、だれでもよい文章が書ける。
☆心の中には「思い」を伝える言葉が十分にある。
☆完成したら、繰り返し読んでほめる。

第2章

お母さん、お父さん、まずは自分で作文を書いてみましょう

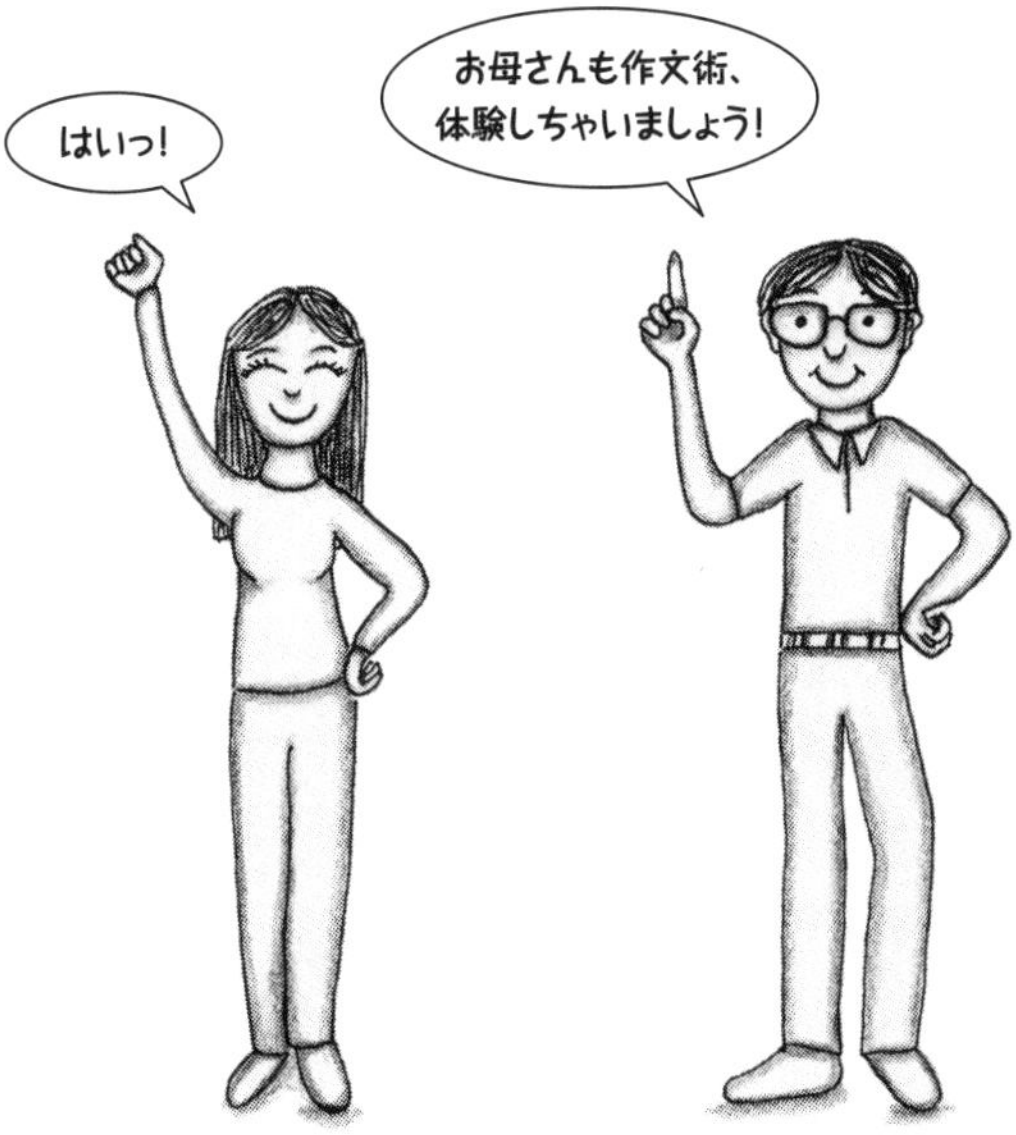
お母さんも作文術、
体験しちゃいましょう!
はいっ!

「抽象構成作文法」の効果を体験しましょう

絵を描くようにメモをする

先ほどの、娘さんが書いた作文に泣かされた母親のSさんがやってきました。

「先生、私にも書かせてください。私もやってみたくなりました」

もちろん大歓迎です。

彼女の選んだタイトルは、何と、「あなたが生まれたとき」。

ここで突如、**「抽象構成作文法」＝だれでもそれなりの作文法**（私はこの画期的な作文法を、こう呼んでいます）の、実地公開になります。

——何をどういうふうに書こうかとか、無理に思ってはいけません。まず自分のアタマに浮かぶことを片っ端からメモします。ただし、おまじないとして中央に、テーマになる言葉を置きましょう。連続的に言葉を思いつくための、コアになる言葉をマルで囲んだり、↓（矢印）も使ったりしてみましょう。絵的、連想的、何となくマンダラ的な感じのするものができると上できです。

では以下に、少し私の助言を入れながら書いた、Sさんの抽出メモを再現してみます。

さくらちゃんが生まれたとき
弥生満月　3212g
初めての出産
女の子がほしいと思っていた。↓将来いっしょに買い物に行ったりしたい。

マシュマロのように柔らかかった。

あなたを産んですぐ、お父さんと病院の近くの千鳥ケ淵にある公園に行くと、そこではサクラが満開だった。しかも、近年まれに見る美しいサクラだった。

（実はこれは私が命名の由来を尋ねたときに出た言葉）

感動的だった。

これほど生きていてよかったと思ったことはなかった。

初めての授乳　あなたは私がいなければ生きてはいない存在だった。

あなたは私の子どもだった。

自分が誇らしかった。これからのことを思うと身が引き締まった。
おばあちゃんに感謝した。おじいちゃんにも感謝した。私は、自分が生きてきた理由が、あなたを産み、育てることだけだとしてもかまわない。

とにかくかわいかった。
お父さんもメロメロだった。会社からの用事の電話でもあなたのことを聞きたがった。帰宅が遅いときに、先にお風呂に入れ終わっているとちょっとがっかりした。

あなたは果物の好きな子だった。

あなたが最初に口にした言葉は「ママ」だった。
あなたが生まれて、私はほんとうの幸福を知った。生きている理由を知った。
だから、私は、常にあなたの味方で、あなたが幸せになることを何よりも願っている。

メモをつなげば、短文完成

——すごい勢いですね。私も自分の子どもが生まれたときのことを思い出します。

材料的にはすでにこれで充分なのですが、これって、ひょっとして娘さん宛に書くのですか？

「結果的に彼女が見てもいいのですが、自分が思ったことを率直に書くのが目的です」

――わかりました。ではとりあえずやってみましょう。

我々はこのメモをつなげて、意味のある文をいくつか構成します。

まず、第一集団から。

弥生満月夜。あなたは3212gで生まれました。私にとっては初めての出産でした。あなたは、小さくて、まるでマシュマロのように柔らかかった。あなたを産んで初めての外出。お父さんに誘われて、病院の近くの千鳥ケ淵公園に行くと、そこは近年まれに見る美しいサクラの花盛りでした。

苦労してみましたが、「女の子がほしかった↓将来いっしょに買い物に行きたい」は、うまくここに入らなかったので、後回しにすることにしました。

続いて第二集団。ちょっと第三集団のものも使いました。

初めての授乳は感動的でした。あなたは私の子どもでした。あなたは私が生きていなければ生きていない存在でした。私はこれほど生きていてよかったと思うことはなかった。自分が誇らしかったと同時に、これからのことを思うと身が引き締まる気がしました。おばあちゃんに感謝しました。おじいちゃんにも感謝しました。もちろん神様にも感謝しました。私は、自分が生きて来た理由が、ただあなたを産み育てるためだけだとしてもかまわないとすら思いました。

残りから、最後のまとめ以外に使えるものをカットアップ（文章を適当に切って、適当につなぐ方法）します。

とにかくかわいかった。果物の好きな子でした。お父さんもあなたにメロメロでした。大したことのない理由で、電話をかけてきては、あなたのことを聞きたがりました。帰宅が遅いときに、先にお風呂に入れ終わっていると、妙にがっかりしたりしました。

エピソードとして、

あなたが最初に口にした言葉は、「ママ」でした。私は嬉しくて、あなたを抱っこしてお父さんと踊りました。

を入れ、ついでにここに、第一集団から、

実は、女の子がほしかったのは、将来いいお友達のような親子になり、仲よくいっしょにデパートなどに買い物に行ったりすることに憧れていたからです。

も入れ、第一集団に、「私のほしかった女の子でした」を加え、最後に残りをま

とめて、

あなたが生まれて、私はほんとうの幸福を知りました。生きている理由がわかりました。だから、いつも私は、何よりも、あなたが幸せになることを祈っているのです。

「あなたの味方」は、少々押しつけがましいので、やめることにしました。「常に」も「いつも」に置き換えました。

さて全体をつなげると、

弥生満月夜。あなたは3212gで生まれました。私のほしかった女の子でした。私にとっては初めての出産でした。あなたは、小さくて、まるでマシュマロのように柔らかかった。あなたを産んで初めての外出は、お父さんに誘われて病院の近くの千鳥ヶ淵公園。そこは、近年まれに見る美しいサクラの花盛りでした。

初めての授乳は感動的でした。あなたは私の子どもでした。あなたは私が生きていなければ生きていない存在でした。私は、これほど生きていてよかったと思うことはありませんでした。自分が誇らしかったと同時に、これからのことを思うと身が引き締まる気がしました。おばあちゃんに感謝しました。おじいちゃんにも感謝しました。もちろん神様にも感謝しました。私は、自分が生きて来た理由が、ただあなたを産み育てるためだけだとしてもかまわないとすら思いました。

とにかくかわいかった。果物の好きな子でした。お父さんもあなたにメロでした。大したことのない理由で、電話をかけてきては、あなたのことを聞きたがりました。帰宅が遅いときに、先にお風呂に入れ終わっていると、妙にがっかりしたりしました。

あなたが最初に口にした言葉は、「ママ」でした。私は嬉しくて、あなたを抱っこしてお父さんと踊りました。実は、女の子がほしかったのは、将来いいお友達のような親子になり、仲よくいっしょにデパートなどに買い物に行ったりすることに憧れていたからです。

あなたが生まれて、ほんとうの幸福を知りました。生きている理由がわかりました。

だから、いつも私は、何よりも、あなたが幸せになることを祈っています。

まだどこかぎこちないのですが、初めてのわりには上できです。Sさんは、ともかく大喜びでした。

「わぁあ～、先生、感動的です。自分で書いたとは思えません。助かりました。私どうしようかと思っていたんです。実は、子どもの学校で、子どもの生まれたときのことを親が書くという宿題が出て、私、困っていたんです」

むむむむ。最近の女の人はさすがです。きちんと利用目的があってやっているのです。それにしても、こういった行動力は、男性ではあまり考えられません。これでは男性の多くが、女性にかなわないのもいたしかたないことでしょう。気づかなかった悔しさまぎれに、私が口にした言葉は、

「なあんだ、初めからそうおっしゃってくださったら、さらに素敵なのをご用意してあげましたのに」

「いいえ、実は、私、家へ帰ったら、**このやり方を自分で試して、自分だけのものを作りたいと思っちゃったんです**もの。私、なんだかわかっちゃったみたい。もう一度、自分でやってみれば、子どもに私が教えてあげられるかも」

やれやれ、ただただ頭が下がるばかりです。

つけ加えると、このSさんは、決して子どもにべったりの人ではありません。子どものことを深く愛しているのは、作文のとおりですが、それゆえにかえって子どもの躾《しつけ》に厳しく、必要以上に甘やかさないタイプの人です。こういう人のお子さんは、勉強ができるようになる傾向が高いです。

それにしてもスゴイのは、作文のやり方を自分で体得しに来てしまうところです。自ら学び続けることにより、子どもとの知力の差を長く維持することに成功し、結果的に子どもの知力を伸ばすことができるタイプです。結局は、娘さんに母親の望む上智を蹴ってICUに進学されて泣かされたりしますが、よくある贅沢な部類の悩みと言えるでしょう。

まとめ

☆メモはどんなに多くてもかまわない。

☆メモが連鎖反応的に広がると、文章化しやすい。

☆メモを分類・統合し、文章化する過程はおもしろい。

☆やればやるほど上達し、メモなしで作文が書けるようになる。

☆作文は、まず親がやってみることが大切。

☆受験成功型の親は、手間と努力を惜しまない。

第3章

ではさっそく、子どもに作文を書かせてみましょう

子どもに作文の楽しさを教える

聞いて尋ねて、材料集め

さて、親がまず書けるようになったら、もしくは、書くことのおもしろさに気づいたら、いよいよ、わが子の作文教室の実践です。

ここでは、小学校2年生の男の子が、初めて「宿題として書かされた」遠足の作文を例にとってみましょう。これは、体験したことから感想を述べる方法の、初歩の例です。

文章を書くことにおいて、**最もたいせつなことは動機**（きっかけ）です。つまり、これから書くべき題材を握っていることです。以下はたまたま幸運なケースですが、学校で課題が与えられたとき、偶然よい題材に恵まれた例です。しかし、それは「結果」でした。作文に書かれなければ、だれも、K君と友人、二人の間にあったできごとを知ることはできなかったのですから。

小学校2年のK君は、明日までに遠足の作文を書かなければなりませんでした。学校でうまく書けず、困っていました。ここで、作文術を知っている私の登場です。「まかせとき。**作文なんて簡単**だよ。あっという間にできちゃう。だから『材料』集めに協力してよ。材料がなければ何も書けないんだから」

まず、材料集め（メモ作り）から教えます。

指導者（多くの場合、親のあなたが指導者になるでしょう）が、以下のような質問をして、どんな遠足だったのか聞き出します。初めのうちは、メモ作りを手伝いますが、完成段階では、子どもに書かせます。

〈質問例〉

どこへ行ったか？

どうやって行ったか？

どんなところだったか？

何が目に浮かぶか？

自由時間に何をしたか？

何がいちばんおかしかったか？

どんな事件があったか？

結局、何がいちばん心に残るか？

友達のだれといっしょに行動したか？

お天気、弁当、その他語っておきたいことがあるか？

それぞれの答えを、メモにしていきます。

電車で森林公園
広い
木がいっぱい
人がいない

遠足
広場の真ん中に水道

お弁当おいしかった
お天気よかった
とても楽しかった

渕上君とフリスビー

A水道でフリスビー飛ばし
小さい子
水飲みたい
おばあちゃん

以上実は大部分ひらがなですが、結局、渕上君・水道・小さい子がキーワードであることがわかり、Ａ群のハプニングについてさらにメモを作ります。すると、

渕上君親切　水道でフリスビー飛ばし　ちょっとびしょ濡れ
小さい子　水の飲み方教える　おばあちゃん　ほめられる
キャラメル断る　集合　先生　平気です　お天気がよい

となりました。

つまり、渕上君は親切な子で、フリスビーの投げ方を教えてくれ、最後に水道でフリスビー飛ばしをやり、そこへ来た小さい子に、水の飲み方を教えると、その子のおばあちゃんがやって来て、「ありがとう。立派なお兄さんたちね。何年生？」

と聞かれたので「2年生！」と答え、くれようとしたキャラメルは遠足中だからと断った。集合時に先生に「びしょ濡れじゃない」と言われても、ぼくが元気よく、「お天気がいいから平気です」と大声で言うと、「そうね」と叱られなくてすんだ。渕上君と仲よしになれて、とても楽しい遠足だった。

同時に右記のメモに、さらに浮かんだことを、例えば、お弁当の「肉じゃが」「からあげ」とか書き足します。

スムーズな進行には「おだて」が重要

ここで「素晴らしい。いいお話だ。これを書くしかない。絶対いい作文ができる」と**メチャぼめ**して、最初に題を「遠足の話」と書かせて、名前も書いて、行がえして、書かせていきます。

メモを見せて、どこから書くか相談して、助けたり励ましたりしながら、「イイ、

松永式作文メモ術1
～思いつくまま書いてみる：遠足～

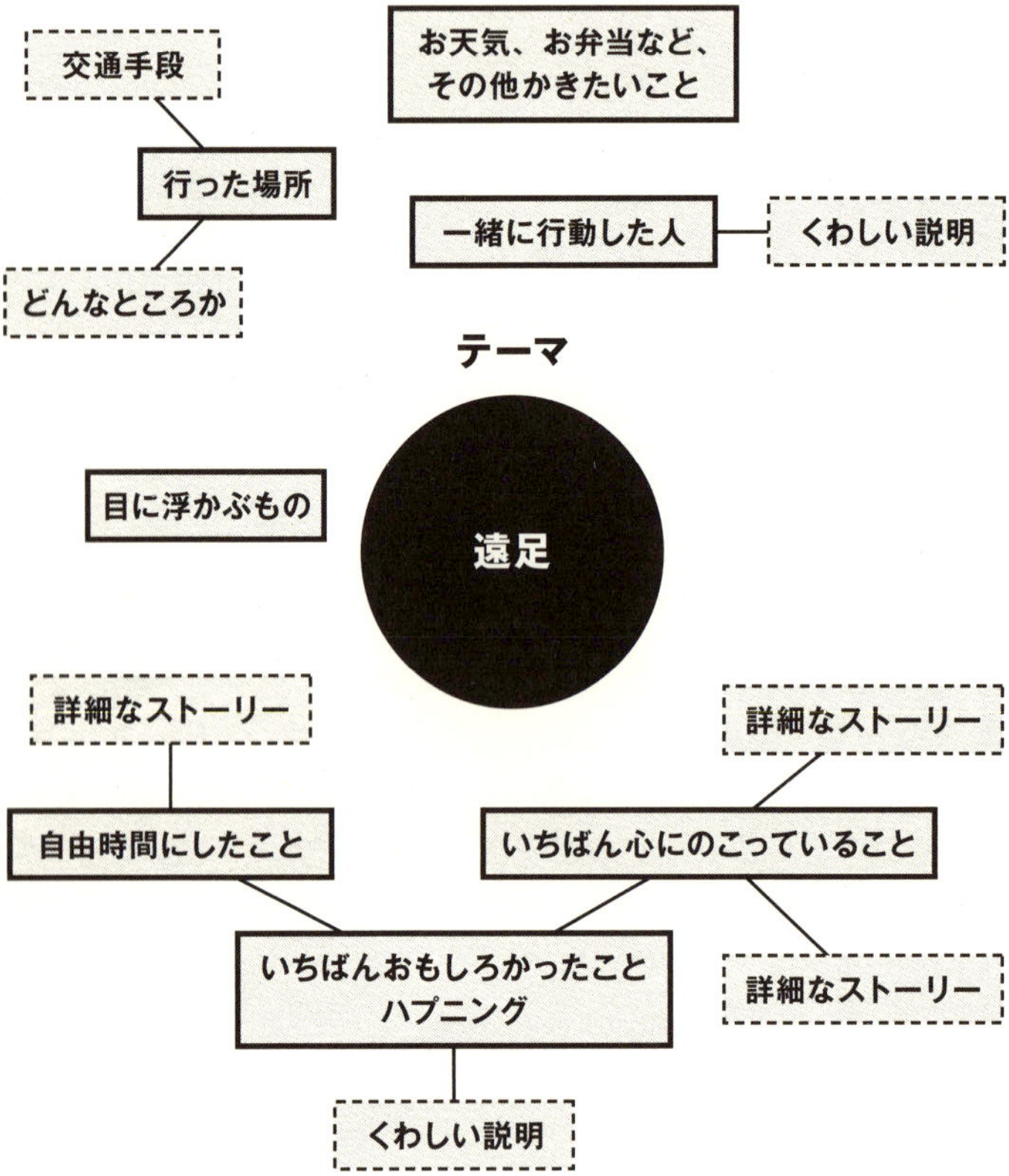

交通手段
行った場所
どんなところか
お天気、お弁当など、
その他かきたいこと
一緒に行動した人
くわしい説明
テーマ
遠足
目に浮かぶもの
詳細なストーリー
自由時間にしたこと
詳細なストーリー
いちばん心にのこっていること
いちばんおもしろかったこと
ハプニング
詳細なストーリー
くわしい説明

イイ」を連発しながら、メモを活用してどんどん書かせます。

例えば、

遠足でしんりん公えんにいきました。でんしゃでいきました。えきから、おべんとうをたべるひろばまであるきました。しんりんこうえんは、広くて木がいっぱいで、人がすこししかいませんでした。

ひろばのまん中に水どうが見えました。てんこうしてきたばかりのふちがみくんが、「ぼくフリスビーもってきたからいっしょにやろう」というので、水どうの近くまでダーッとはしっていきました。

ぼくはフリスビーをしたことがなかったのでうまくなげられません。するとふちがみくんがしんせつにおしえてくれたのでだんだんじょうずにできるようになりました。

ふえがなって、おべんとうのじかんがきたので、おべんとうをたべました。ぼくのはからあげ、ふちがみくんのは、にくじゃがでした。ふちがみくんが、「はやくたべてつづきをやろう」というので、いそいでたべました。

またフリスビーをしていると、のどがかわいたので水どうのところで水をのみました。するとふちがみくんが、

「この水どうつよいからこれでフリスビーをとばそう」というので、ふちがみくんがフリスビー、ぼくが水どうのちょうせつをするかかりでやりました。けれどうまくいかずにちょっと水びたしになりました。二人でわらいながら、「もういちどやってみよう」といっていると、そこにようちえんぐらいの小さい子がきて、「水のみたい」というので、ぼくがだっこしてのませよ

うとすると、ふちがみくんが、「だめだめ、そうやるとふくがぬれちゃうから、こうやるんだ」といって、まずその子に、水を出させて、それから水どうのあるところに手をついてぴょんととんで、それでみずをのんでみせました。そのこもそうやってみずをのむと、ふちがみくんは「えらいね～」といいました。するとそこへ、そのこのおばあちゃんがやってきて、

「ありがとう。やさしくてりっぱなお兄さんたちね。なんねんせい？」ときくので、

「ぼくたち2年生」とこたえると、

おばあちゃんがキャラメルをくれようとしましたが、ふちがみくんが、

「ぼくたち学校のえんそく中」とこたえてもらいませんでした。

ふえがなったのでしゅうごうすると、たけながせんせいが、

「あらきみたちびしょぬれじゃあないの」というので、ぼくが、

「いいえ、お天気がいいのですぐかわくからこれくらいへいきです」というと、わらいながらゆるしてくれました。

ふちがみくんと仲よしになれて、ほんとうにたのしいえんそくでした。

家族みんなでほめて伸ばす

書き上がったら、「すごくいいのができたわ。もう一度読みながら、完成させましょう」と言って、誤字や読みにくいところを直したり、文末を整えたり、もっといい言い方に変えたりします。

そのうえで、「できたできた。うれしいうれしい。さあできたのを大きな声で読んでよ」と言って、読ませます。

つくづくよい作文だといって、打ち合わせどおり父親にもほめさせます。コピーをとっておじいちゃんおばあちゃんにも見せます。こうして、まず、**完全に作文の自信をつけさせ**、少なくとも簡単によいものが書けることを実感させます。これを繰り返すうち、だんだん一人でじょうずに書けるようになっていきます。


「どう？　こうすればすぐできるだろう。これからは作文を大変だなんて思っちゃあダメだぜ。今日の感想は？」

「うれしい。助かった。楽になった。ほんとうに簡単にできた。それになんだか作文を書くのは楽しいことのような気がした」

「そうなんだよ。そこに気づくなんてさすがだ。作文ができると、今にきっと勉強もできるようになるぜ」

「今日はありがとう。先生のおかげで、さっぱりした」

「ははは、それはよかった。お疲れさま。キミもよく頑張ったね。偉いよ」

笑顔で彼は出ていきました。

まとめ

☆ちょっとしたことでも、書けば短い作文になる。
☆最初は親がメモを作ってあげる。
☆励ますこと、ほめることが作文指導のキモ。
☆できあがった作文は、みんなで読みほめ、子どもに自信をつけさせる。

第4章

自由に子どもに作文を書かせてみましょう

好奇心が芽生えたときこそ、作文を書かせるチャンス

おもしろければ、小学3年でも何枚でも書ける

毎年8月の後半は、作文指導の仕事に追われます。それは、皆さまご存じ、夏休みの最後を飾る、あの地獄の作文の宿題があるからです。

私は、初めて会った時に、これに悩んでいなかったお子さんの記憶がほとんどありません。通常、原稿用紙2枚書くのでヒーヒー言っていますから、「5枚」とか言われると、まるで地平線の彼方まで歩かされるような気分になってしまうのでしょう。

しかし、私が提案するやり方だと、**楽しみながら何枚でも書ける**のです。ようやく何とか字も速く書けるようになってくると、小学3年でも10枚くらい、すぐ書いてしまいます。中には20枚、30枚というお調子者もいます。

小学4年でこのやり方を教わると、すぐに50枚以上の『ミュウ物語』という話を書きあげてしまった子もいました。この子は、ごく普通の、特に勉強ができるタイプの子ではありません。ただ、ミーちゃんとユーちゃんとウーちゃんという3匹の猫と、敵役のイヌとカラスが登場するという際限のないお話です。

毎回家庭教師に行くと、まずその話を読まされました。家の周りの猫を観察したたわいもない話ですが、随所に子どもらしい微笑ましい発想が光ります。

しかし、正直その筆力には驚かされました。

この子が作文を書くようになったきっかけは、夏休みの作文で、家族で行った石垣島でダイビング中、お父さんが「ブロワブロワ」と言って溺れかけたことを絵入りで書いたことでした。とにかく観察がおもしろくて大笑いさせられました。このことはもう20年以上も前のことですから、つたない記憶を基に書いています。あの

『ミュウ物語』や、『お父さんが石垣島で溺れた話』は、今どこにあるのでしょう。大切にして未来に読み返してもらいたいものです。

作文には、印象に残ったことという**「題材」が必要です**。「題材」こそが、ものを書く動機を与えます。そしてその題材を得るためには、思わず人に伝えたくなるような**オモロイ体験をすることが必要です**。

本来、作文は、教室で時間を決めて、いっせいに書くものではありません。よい体験をして、それを伝えたいと思ったときにこそ書くべきものです。夏休みの作文は、長い休みの間にあった何かについて書くものですから、おおよそだれだってよい「題材」に恵まれやすく、ある意味、大変リーズナブルな学習課題といえます。夏休みこそ作文を書くべきなのです。

しかし、それには「題材」が必要です。ですから、子どもに作文力をつけたいと願う親ごさんは、夏休みに作文の宿題が出たら、あらかじめそのことを子どもに意識させ、夏休み期間中、「これだ！」というものが来るのを待ち構えます。題材は、待ち構えていればいるほど、たくさんやってくる傾向があります。それは、観察力が研ぎすまされるからでしょう。つまり、**オモロイ作文を書こうと思っていると、実生活で実際にオモロイことに出会うことが多くなる**のです。

人間、衣食住が足りれば、次にほしいものはオモロイことであるはずです。そしてオモロイものを手にすれば、人はきっとそれをだれかに告げずにいられなくなるのです。この状態に至ったとき、人はまさに文章が自然に書けてしまう状態にあります。ですからこの状況を作ることこそが作文教育の土台です。それには皆さん、夏休みに**毎日外でよく遊ばせること**、しかも、**日常を離れた体験をさせるために、積極的にどこかへ連れて行くことがたいせつ**です。

作文嫌いな子が、作文の才能を秘めている

え〜話は去年の夏。なんと、『タケダ君クワガタを43匹とるの話』。

高2の武田君には、8才離れた弟のタケダ君がいます。タケダ君は、やんちゃでチョロチョロする、好奇心と遊びたい心たっぷりの子です。家で兄貴の話を聞いて、「どうもおもしろいところみたいだ」と感づいたらしく、小学1年のときから、私のところに勉強を習いに来たいと言っていたのを、

「そんな暇があったら、外で友達とたっぷり遊ぶこと。すっかりあきるまで遊んでから来てね」

とか冗談でケムに巻いていたのですが、小学3年の夏休みならということで、8月下旬に作文指導をすることになったのでした。

タケダ君は、遊び大好き、作文大嫌い。やんちゃそのもの、元気な男の子。どこかの南の島からやってきた子どもかと思うほど日焼けして、暗黒の顔に白目の部分がチロチロッと際立っていました。この子は、何でも結果的に自分の思いどおりにしてしまう力のある子でした。いきなりこうきました。戦闘開始です。

「先生、作文て、なんでやるの？」

私はほとんど間を置かずに即答しました。

「そりゃ、アタマにイイからだよ」

「アタマにイイことほかにはないの？」

「そりゃ、もちろんあるよ。そこらじゅうにあるよ」

「例えば？」

やっぱりそうくるか、ここでつまると主導権を握られてしまうんだよな。

「例えば〜？　例えば作文を書く準備をするとか」

「それって作文を書くことじゃないか」

「でも知っておくと将来、絶対得をするぜ。すぐに文章が書ける方法の準備なんだからな」

「……」

あっ、ちょっとわからなくなったかな。次の言葉が出なくなりました。たかが相手は小学3年。ここで得意の決め文句。こっちはいちおう大人なのですから。

「君は知ってる？　リンカーンがなぜ偉かったか？　それは文章が書けたからなんだぜ。君は知ってる？　福沢諭吉がなぜ偉かったか？　それは文章が書けたからなんだぜ。君は知ってる？　宮本武蔵がなんで偉かったかを？　それは文章を書いたからなんだぜ。みんな文章を書いているから、いまでも名前が残っているんだぜ」

「でもそれって大変でしょ。だからその人たちも、大人になってから文章書けるようになったんでしょ」

ウ～ムしぶとい。なんちゅう粘り。そして賢い。しかし、この道35年、老いたるとはいえ技多し。ここで最後の一押しを決めてみました。

「だからね。私が言っているのはその準備の話でしょ。準備が大変なわけないじゃあない。どっちかと言えば、暇つぶしにはもってこいだよ」

しかしこれでも落城しません。ここで、ついに本音を切り出しました。

「暇つぶしならボク、ボードゲーム（※キャロム…コインを指で弾いて四隅の穴に入れるゲーム）したいな」

やっぱり本音はこんなところ。

「それじゃあ、完全に遊びになっちゃうじゃあないか。ここへ何しに来てるの？」

「……お勉強……でも作文はいや」

「そうか、それはかえってよかった。実はね、**私は、作文を嫌でなくさせる名人の先生なのさ**。お兄ちゃんからも聞いてるだろう。だから、君のような作文嫌いの子にとっては救いの神のようなものだ。ねえやろうぜ、作文。ほんとうに簡単にできるやり方教えるからさ。大変じゃあないからさあ。それに絶対楽しめるよ！　**作文書けると楽しいぜ**」

「作文が終わったらボードゲームやる？」

「もちろんさ。兄貴のようにコテンパンにしてやるよ」

「やったあ！　ボク作文やるよ」

どうもやっぱり、あらかじめの狙いどおりに、勉強時間を削ってゲームの時間を作ることに成功したようです。母親が口うるさいために、交渉能力が異常に発達しているらしい。この子も作文を書くべき、アタマのよい子どもです。しかし、この子が作文を書けるようになると……。私は口やかましい母親が、彼から切り返されて、絶句する姿を想像して内心微笑んだものです。

作文は遊びだ

――さて、これから君に作文についての秘伝を授ける。何を書こうが全然かまわない。つまり、**何を書こうがキミの自由**だということだ。**一つだけたいせつなことは、後で読んで「オモロイ」というものを書こうとすること**だ。オモロイものを書くには、自分がオモロかったことを書くか、自分でオモロイことを空想して書くかがある。もちろん実際のことをオモロクなるように作り変えることも含まれる。とにかく、作文で最もたいせつなことはオモロイことをしようとすることだから、これは**紙の上でやる一種の遊び**なんだ。

「オモロイって何？」

――読んでて楽しいものってことだよ。ものを作るというのは、作った後でそれを役立てることが目的だろう。料理だったら、食べて味わう。絵だったら見て楽しむ。でも文章は、別に文字だけ見ても、おいしくも美しくもないから、読んでておもしろいこと、楽しいことがたいせつなのさ。

「……」

――さて、我々は何を書いてもいい。しかしそれはオモロイことでなくてはならない。何かないか？　この夏休みでいちばんおもしろかったことは何か？

「ハーイ！　それは、クワガタとりでーす！」

――ここは1対1でやっているんだから、別に手を挙げなくてもいいよ。クワガタとりか。いいねえそれ。たくさんとれたの？

「うん。亀岡のひいばあちゃんちで。43匹もとったんだよ。すごいでしょう」

――43匹！　ほんまかいな。亀岡ってどこの？

「ほんとうだよ。京都の西の亀岡さ」

——ああ山陰線の。お～40年前に亀岡のユースホステルに泊まったことがあったな。あそこって今でも田舎なのか？

「田舎だよ。駅前以外は」

「そこに君のひいおばあちゃんがいるのか。ひいおばあちゃんて、お年はいくつ？」

「86才」

「86才！　お元気なの？」

「うん元気だよ」

「山陰線て、昔はドアを手で開け閉めしていたけれど、今でもそうなの？」

「京都までおじちゃんが車で迎えに来たから知らないよ。京都までは新幹線で行ったけど」

「えっ？　おじちゃんて、君のおじちゃん？」

「違うよ、お母さんのおじちゃんだよ」

亀岡は、お母さんのお父さんの実家があるところで、そちらに親族がたくさんお住まいなのです。驚くほど、次々と名前の違う大人が登場してきます。中には名前がわからない人もいました。

「すごい！　なんておもしろい話だ。それで、君はクワガタを43匹もとっちゃうんだね。絶対いける。いいのが書けるに決まっている。こんなチャンスは滅多にない。ノーベル文学子ども賞だ。待ってくれ、今ボクがメモを作ってやるから」

と言って紙と鉛筆を用意すると、この真っ黒け君は、

「**嫌だ。ボク自分で書きたい**」

と、白い歯を見せながらおっしゃるのです。この子には、人の言うとおりにしないという癖があるようです。

彼にB４の紙を渡すと、私はこう言いました。

「では、おまじないに、真ん中のところにクワガタって書いてよ」

読者の多くは、すでに予想されるでしょうが、そうすると、この子どもは紙の中

央にクワガタの絵を描き始めていたのでした。私は笑いながら、描き上がるのを待っていました。どうしても自分から何かをしてしまう子、これこそ、そもそもの創造性の根源要素ではないでしょうか。**創造性とは、つい余計なことをやってしまうこと**です。こうなると、言うことをきかないことは、一種の創造性のあらわれとも解釈できる気がしてきます。

クワガタができると、私は、

「ではまず、紙のどこか好きなところに、『亀岡』、『京都の西』と書いてよ。待て、亀岡だけは漢字で書けよ。ほらおもしろい字だろう。田んぼが二つも入っているんだ。それから京都の京も簡単だぜ。これって東京の京と同じでしょ」

彼は真ん中上方にこれを書きました。

「そのそばに『新幹線』と『おじちゃんのお迎え』も書いてよ。それから、『いなか』も。次に、『ひいばあちゃん』。その次が『43匹』。それから、思いつくことを片っ端から書いていってよ」

旅行記には、まず時系列でメモ

こうして私たちは、ほぼ時系列で、彼の3泊4日の旅をメモにしました。
メモを基に、その内容をここに要約すると、

第1日……東京→京都（新幹線）→お見舞い→ひいばあちゃんち

第2日……朝、はとこのカメユウ。ゲンジとり。タカヒロおじちゃん。大漁→川遊び→昼寝→魚釣り→散歩→親戚とバーベキュー→「夜の夢」

第3日……ゲンジとりとイノシシのわな。またも大漁→朝

松永式作文メモ術2

～時系列でメモしてみる：旅行～

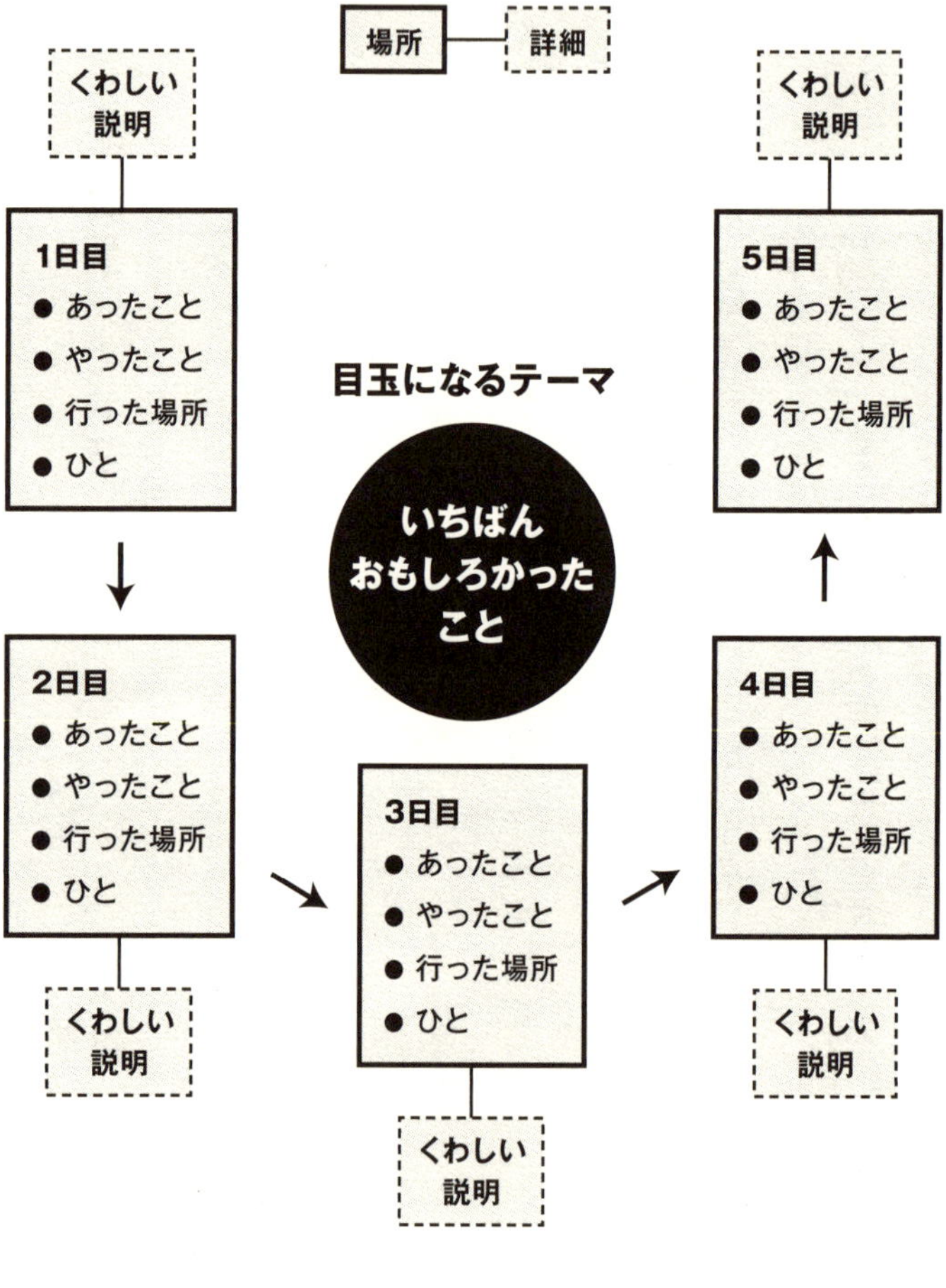
場所
詳細
くわしい説明
1日目
● あったこと
● やったこと
● 行った場所
● ひと
2日目
● あったこと
● やったこと
● 行った場所
● ひと
くわしい説明
目玉になるテーマ
いちばん
おもしろかった
こと
3日目
● あったこと
● やったこと
● 行った場所
● ひと
くわしい説明
4日目
● あったこと
● やったこと
● 行った場所
● ひと
くわしい説明
5日目
● あったこと
● やったこと
● 行った場所
● ひと
くわしい説明

ご飯→アイちゃんのうち→妙堅さん→うどん屋でカエルとヘビ→カメユウとお別れ

第4日……朝、新幹線で東京へ

しかし、今日はこれで時間です。よく頑張った本人も、もう疲れを見せています。作文が嫌いにならないように、これで終わりにします。でもこれでよい作文が書けます。

「お疲れさんだねえ。すごいよ。思った以上にオモロイ話だ。これで作文の準備はバッチリだ。今日は、もう残る仕事はゲームをすることだけ。明日また同じ時間に続きをやるけど、今日は終わりにしよう。我慢して頑張って偉いね」

次の生徒が来たのを見て、私はそう言いました。そして、ボードを出してきて、

「では次の人が来ちゃったから、今日は1回だけだよ。明日また来るね？」

と言って、盤上に駒を広げると、彼は、

「ウン」

と言って並べ始めました。

もちろん、私は明日もう一度やりたくなるような、小憎たらしいゲームの勝ち方をしたことは言うまでもありません。


あくる日。

「では始めよう。昨日の傑作メモを出して。それと原稿用紙。まずは、亀岡はどこだったっけ？　知らない人にわからせなくっちゃ」

「京都の西」

「そうだったな。それじゃあ3行目の2マス目のところに、『亀岡は京都の西』と書いてくれ。そうそう漢字でな」

——亀岡は京都の西

「う〜ん。もうちょっと。そうだ。大阪が南に見えたのなら、大阪の北ってことだな」

「うんそうだよ」

「それじゃあ、それも書いてくれ」

——亀岡は京都の西、大阪の北。

「キタキタ、なかなかかっこいい。それで……」

——ここにひいおばあちゃんが住んでいます。

「ひいおばあちゃんは何才だったっけか?」

——ひいおばあちゃんは86才です。

第一段落

亀岡は京都の西、大阪の北です。ここにひいおばあちゃんが住んでいます。ひいおばあちゃんは86才です。


「次はどうしようか？　お母さんと新幹線で行ったんだろう」

「おばあちゃんも行ったんだよ」

「なんだそれ、昨日は言わなかったぞ。じゃあそれを書け」

――ぼくとお母さんとおばあちゃんで、新幹線で行きました。

「京都駅には迎えが来ていたんだよな」

――京都駅には、おじいちゃんの弟のヨシノリおじちゃんが車で迎えに来てくれました。まずおばちゃんのお見舞いに行きました。それから虫カゴを買って、ひいおばあちゃんのうちに向かいました。

第二段落

ぼくとお母さんとおばあちゃんで、新幹線で行きました。京都駅には、おじいちゃんの弟のヨシノリおじちゃんが車で迎えに来てくれました。まずおばちゃんのお見舞いに行きました。それから虫カゴを買って、ひいおばあちゃんのうちに向かいました。

次は当然、亀岡周辺とひいおばあちゃんの家の説明です。それの基となるメモは以下のようなものです。

小泉　田畑
歩いていけるお寺
デパートやスーパーはない
駅からひいおばあちゃんの家まで車で10分くらい
犬のダイちゃん
山に囲まれている　しぜんがいっぱい
朝5時半に起きて仕事　ひいおばあちゃんは家に残る
いなかの家はすごく広い
近くに川がある

これを順次つないで文章化します。
だんだん調子が出てきましたが、また次の日ということになり、後はゲームでコテンパン。

次の日。前日のゲンジとりのつづき、午後の魚釣りの話です。少し中だるみです。外はまだ猛暑です。頑張ろうと、励ましながらやります。「川遊び」については、メモがなかったので、今日はまずそのメモを作ります。

＊川遊びメモ
くつをはきかえた　軽トラ
最初のところは　冷たくて浅すぎ
つぎのところもおなじ
その次のところは深すぎ
最後のところが広くて水が冷たくない

学校の2階ぐらいの橋がある
泳ぐ　カメユウがきしからとびこみ↓ぼくも
カメユウがはしからとびこみ↓5・4・3・2・1！　シュ
パーマン！
ぼくはこわかった
決心してはしの上
上から見るとすごく高い
まだかなあ、ザブーン、足がそこにつきそう、さかながピュ
ーッ

以上を基に文章化。当然本人にとって最長不倒距離。ここらで軽く3枚目。本人、

「こんなに書いたことない」

とのこと。
ここで一度これまでに書いたものを、続けて読み返してみます。

これで完成！ 夏休みの作文

メモをまとめてつなげるだけ！

亀岡は京都の西、大阪の北です。ここにひいおばあちゃんが住んでいます。
ひいおばあちゃんは86才です。
ぼくとお母さんとおばあちゃんで、新幹線でひいおばあちゃんちに行きました。京都駅には、おじいちゃんの弟のヨシノリおじちゃんが車でむかえに来てくれました。まず、おばちゃんのお見まいに行きました。虫カゴを買ってひいおばあちゃんちにむかいました。

ひいおばあちゃんの住む亀岡の小泉は、近くに田んぼや畑があります。歩いていけるお寺があります。デパートやスーパーマーケットはありません。亀岡駅からひいおばあちゃんちまで車で10分くらいです。ひいおばあちゃんちには、ダイちゃんという犬がいます。

ひいおばあちゃんちの人は、毎朝5時半におきて、全員しごとに行ってしまいます。でも、ひいおばあちゃんは家に残ります。いなかの家はすごく広いです。

ひいおばあちゃんちは山でかこまれています。家の近くに川があります。だから、ひいおばあちゃんちはしぜんでいっぱいです。

あくる朝は7時前におきました。おきるとカメユウが来ていました。カメユウは、小学3年です。カメユウは、お母さんのいとこの子なので、ぼくのはとこにあたるそうです。名前をかめやまゆうたろうと言います。

カメユウは虫カゴをもっていました。虫カゴの中には、土や木が入っていたので、なにがいるのかわかりません。

「なにが入っているの？」

「クワガタだよ」

よくみると、5、6センチのクワガタが土の中にいました。

畑にいくかっこうをしているタカヒロおじちゃんが言いました。

「さっさとごはんを食べてゲンジとりに行くで」

「ゲンジ」とはクワガタのことです。ぼくとカメユウは、タカヒロおじちゃんの軽トラの荷台にのりました。軽トラが走ると、すずしくてきもちがよかった。

コンクリのはしの先の急カーブをまがると、クヌギ林に着きました。

「よく見てろよ」

とタカヒロおじちゃんは、長グツの足で木のみきをけりました。カメユウとぼくがなにか話していると、

「こんどは、ちゃんと見ときゃー」

と言って、まえよりもっと強くけりました。すると、なにかくろいものが落ちてきました。よく見るとクワガタです。全ぶで3びきとりました。つぎの木で2ひき、またつぎの木で5ひき！

こうして、やく10本の木で、なんと27ひきもとれました。と中、スズメバチがいたところはおじちゃんだけで行きました。初めてでこんなにとれて、ぼくは、すんごくうれしくてたまりませんでした。

ゲンジとりがおわると川あそびです。くつをはきかえて軽トラの荷台にのりました。３、４分で着いたところは、つめたくてあさすぎました。次のところもおんなじでした。その次のところはふかすぎでした。４番めのところは、広くて水がつめたくありませんでした。

学校の2かいぐらいのはしがあります。さいしょ川へ入っておよぎました。次に、きしからカメユウがとびこんだので、ゆう気をだしてぼくもとびこみました。その次にカメユウは、はしの上にたって、

「5・4・3・2・1！ シュパーマン！」

といって川へとびこみました。

カメユウはこれを3回しました。

「タッケもやれよ」

「ちょっとなー」

ぼくはこわかったので、およぐだけにしました。

しばらくおよいでいると、おじちゃんがいいました。

「おい、もうかえるけど、とびこまへんのか？」

カメユウがまたとびこみました。ぼくはすこし考えました。けっしんして、はしの上にいきました。上から見ると、すごくたかく見えました。下からおじちゃんとカメユウが見上げています。

ぼくは、「やるしかない」と思って、とびこみました。落ちながら、「まだかなあ」と考えていると、ザブーンと水にとびこんで、水の中で足がそこにつきそうになりました。魚がピューッとにげるのが見えました。


続けて、メモを確認しながら文章化していきます。

ひいおばあちゃんちに帰って、シソジュースをのんで、ふかしたおいもを食べました。それからシャワーをあびて昼ねをしました。

昼ねの後は、魚つりです。朝のゲンジとりの場所のもっとおくの川に行きました。えさは、ミミズで、つるのは、アブラです。なかなかつれないので場所をかえると、すぐつれました。おじちゃんが2ひき、カメユウが3ひき、ぼくが4ひきでした。

つりから帰ると、ダイちゃんのさん歩に行きました。夕やけがきれいでした。それからまたゲンジとりに行って3びきとれました。

夕ごはんはバーベキューでした。場所はひいおばあちゃんちのにわです。来た人は、タカヒロおじちゃんとタモツおじちゃんとミチコおばちゃんとコーちゃんとカメユウとカメユウのお母さんとおにいちゃんとタカヒロおじちゃんのおよめさんと、近所のおじちゃんとおばちゃんとぼくとお母さんとおばあちゃんとひいおばあちゃん、全ぶで15人です。

ドラムカンを半分にわった中に赤くなったすみが入っている上に、あみがおいてあります。その上に、トウモロコシと牛肉とソーセージとニンジンとピーマンとおもちとサツマイモをのせてやきます。ぼくはトウモロコシを10コとソーセージを2本と肉を3切れ食べました。

バーベキューの次はそうめんながしです。井戸からホースで、3mくらいのわった竹に水をながし、おばさんたちがそうめんをながします。ぼくとカメユウは、上にいたので、そうめんをせきとめて、たくさん食べました。その後みんなで花火をしました。それからウノをしました。

夜10時に、またしてもゲンジとりにいきました。5ひきとれました。これで35ひきになりました。ゲンジの入った大きな虫カゴの中は、くろ光りするクワガタがウヨウヨいて、ちょっと気味悪いくらいでした。

夜、ねていると、ぼくの30倍ぐらいの大きさのクワガタがあらわれて、ぼくをおそってきました。ぼくはたてものとたてものの間ににげこみました。するとクワガタは、大きなハサミでかたいっぽうのたてものをはさんでもち上げてこわしました。ぜったいぜつめいのピンチです。タカヒロおじちゃんがたすけにやってきましたが、おじちゃんも千切りにされてしまいました。ぼくは、おじちゃんにかるく「さよなら」といったところで夢からさめました。

あくる朝、こんどはタモツおじちゃんとゲンジとりのついでにイノシシのワナを見に行きました。しかけは人間のおとなが8人ぐらい入りそうな大きなものでしたが、中は空っぽでした。
中のエサをとろうとしてイノシシが入ると、入口がガシャンとしまるしかけです。クワガタはまた8ぴきとれました。これで43ひきになりました。

朝ごはんを食べると、近くのアイちゃんのうちに行きました。アイちゃんは、ひいおばあちゃんのいもうとのうちの犬で、ひいおばあちゃんちのダイちゃんより年上のメスのシバ犬です。

アイちゃんは、ぼくがオテやオスワリをやらせようとすると、言うことをきかないでワンワンとほえてぼくのかおをぶって来ました。ぼくもげんこつでなぐりかえしました。

おばちゃんがぼくのだいすきなうめぼしをだしてくれました。これは、デパートとかのちょうみりょうが入っているのとはちがって、とてもおいしかったので、ぼくはあっという間に5コくらい食べました。

うめぼしをおみやげにもらって、タモツおじちゃんの車で、妙堅さんというお寺に行きました。お母さんとおばあちゃんとカメユウもいっしょです。

妙堅さんは山の上にあるおてらです。おばあちゃんは、こどものころ歩いてのぼったそうです。歩いてのぼると2時間かかったそうですが、車だと15分しかかかりませんでした。

妙堅さんの頂上は、けしきがよく、南のほうに大阪が見えました。大阪はグレーのたてもののかたまりにみえました。

下におりてうどん屋に入りました。ぼくはてんぷらひやしうどんを食べました。うどんを食べていると、にわのハスの花のところにカエルが見えました。食べおわってカエルをとりに行こうとすると、さきにヘビが出てきていたのであきらめました。

ひいおばあちゃんちにもどると、そこでカメユウとおわかれです。ぼくはカメユウに、

「またゲンジとりをしようね」

といいました。

ぼくたちは、あくる朝、ひいおばあちゃんにおわかれを言うと、東京へ帰りました。ぼくは、新幹線の中で、カメユウと分けたかごいっぱいのクワガタを見るたびに、ニヤニヤしてしまいました。

作文で、子どもの新たな才能が見いだせる

どうです。これはやんちゃ小僧の、タケダ君の行動力と体験と観察があってこそ生まれた文章だといえるでしょう。

周囲の大人たちの様子から、タケダ君のお母さんが、何としても子どもに自然を体験させたいと願い、あらかじめ「根回し」していたことがうかがい知れます。こ

のお母さんには男の兄弟がいませんが、男に関する〝何か〟が直感的にわかっている人です。

「男の子に何よりさせるべきことは**外での充分な遊び**だ」。こう言ったタケダ君のお母さんは、息子に中学受験をさせるべきかどうか迷っていました。しかし私から見れば、**中学入試はともかく、大学入試は楽勝**でしょう。すべてのもとになる作文力をつけさせることのたいせつさ、あるいは、その材料集めの必要性に気づいているのですから。

お母さんは、作文をまず父親にほめさせ、登場する人たちにも送り喜んでもらい、そうして、タケダ君に、自分が書いたものの効果を実感させたのです。

それにしても、小学3年生でこれだけ書けるとは驚きです。本人もこんなに書いたのは初めてだと言います。私はこのやり方を知らないために、多くの子どもが自分の潜在能力に気がつくことのないまま、学年が上がっていってしまうことを、とてももったいないと思います。

実はこの子にとって、作文は夏期宿題ではありませんでした。手ごたえのある作文をものにしたタケダ君は、書き上がった作文のタイトルを、ひいおばあちゃんへの感謝をこめて、『楽しかったひいおばあちゃんち』に変え、表紙がカブト虫、うら表紙がクワガタの絵、表紙裏にカメユウやゲンジの写真、うら表紙の裏にはタカヒロおじさんが長靴で木を蹴りクワガタが降る絵、を加えて冊子を作り、担任に提出しました。

しかし、普段とかく落ち着かない彼をよく思っていない担任はこれを黙殺し、半年後の学年末に、絶対読んでいないとわかる風情で、コメントもなく事務的に返却したのです。酷なことをしてくれるものです。

自分に向けて提出されたものに目を通しコメントするのは、教師が絶対に避けてはいけない仕事です。子どもの表現を汲むことができない者は、シュタイナー流に言えば教師をやる資格がありません。

子どもを観察することもできなければ、子どもの表現したことを味わうこともできなくて、どうして教師をやれるでしょうか。

私には全くの謎です。

まとめ

☆作文にはよい題材が必要。それにはよい体験が必要。
☆初めての作文は時系列で書くのが無難。
☆長めの文章を書かせて、「簡単にできる」と実感させる。

第5章

作文アレンジテクニック

自由にメモして、後でアレンジ

よりおもしろくする文章テクニック

次は小学5年の女の子の作文です。すでに何度か作文を書いたことがある子に、より深い作文の書き方を指導したときの例です。ここでは、書き始めを決めずに、部分の段落を順不同に別々に構成し、後でそれを適宜つなぎ合わせるという、「カットアップ」の手法も登場します。

夏休みの作文の課題は、「今の私」をテーマに原稿用紙5枚以上書くというものでした。これは実はやさしいようでむずかしい課題です。枚数もふつうだと2〜3枚がふさわしいと思います。しかし、ここでも抽象構成法はその威力を発揮します。

一見書きにくいという題材に当たれば当たるほど効力を増すのがこの作文法です。というより、究極のところ、**文章作成にはこのやり方しかない**のです。

ではやり方です。大きな紙（B４くらい）の中央に「今の私」と書いて、それをマルで囲みます。次に、「今の私」で思いつく言葉を、紙上の好きなところにメモります。後でこの周りにさらに思いついたことを書くので、あんまり端に書かないようにしてください。

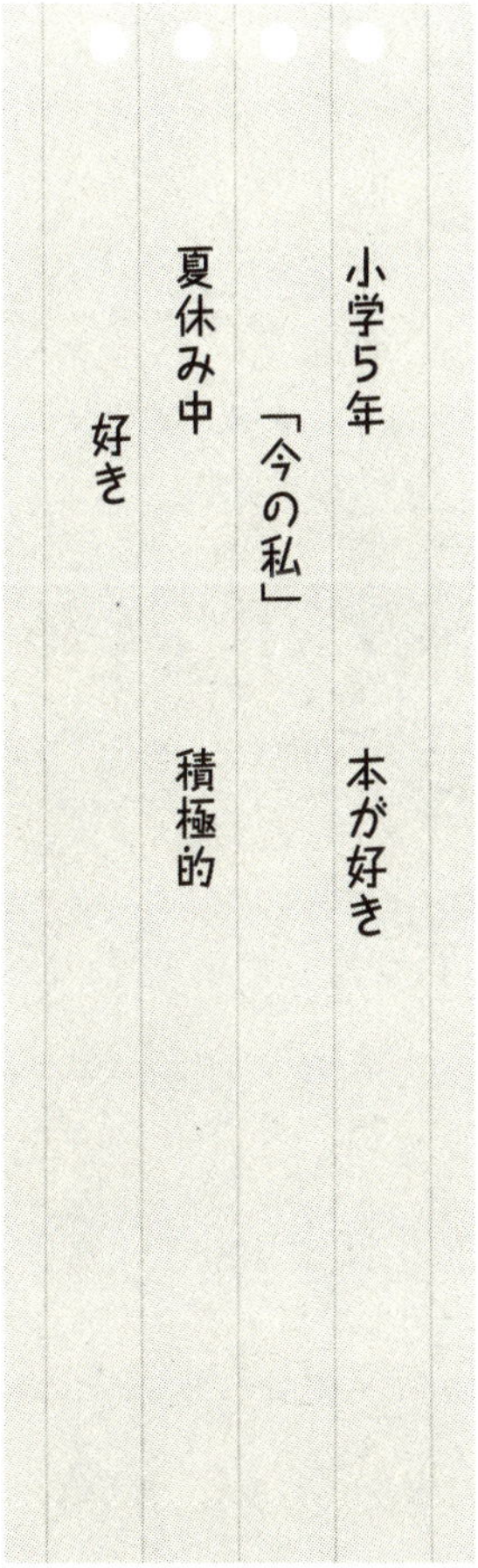
小学5年
本が好き
「今の私」
夏休み中
積極的
好き

これをもとに質問しながら、連想的に思いつくことをその周りにメモっていきます。

彼女は、ややしっかりしたモンテッソーリ教育の出身者で、ものごとをきっちり丁寧にやる半面、とかくテンポが遅い気質のお子さんでした。運動が苦手で口数も少ないタイプでした。だから、タケダ君のように、自分から何かを口にするタイプではなく、初めのうちはこちらからやや強めにリードをしてあげないと、メモの分量がなかなか増えません。じょうずに切り込まなければなりません。薪をくべて何とか火を燃え立たさなければ。

――パチパチパチパチ（薪の音ではない。拍手の音です）上でき、上でき。もうこれで充分だ。次は～え～っと、1学期に何か変わったことでもあった？

――うう～～～～～～～ん……総務部へ入った。

――総務部？

――そう。立候補した。

――すいませんが総務部って何？

――総務部は……クラスのことを何でもやるのが仕事。

――何でもって、それってほかの学校では何て言うの？

――そんなこと知らない。一種のクラス委員かな？　クラスのまとめ役。

――ふーん。それって大変そうな仕事じゃない。どうして立候補なんてしたの？　あなたは人の上でいばるのが好きなタイプじゃあないと思ったけど。

このあたりまで突っ込むと、そろそろしゃべりだす。

「えーとねえ、４年生の３学期の終わりごろ、私、みんなが、整列時にだらだらするのが、なんだか嫌に思ったのね。それに、整列するほうだけじゃあなくって、号令をかける総務部のほうもしっかりしなくて、なんかこう、ふにゃふにゃしちゃうのよね。それで、春休み中に考えて、５年になったら総務部に立候補してみようと思ったの」

――ああ、周囲より自分のほうがしっかりしているように思えてきて、自分からやってみようと思ったんだね。

「そう。そうなの。そんな感じ」

――で、立候補したら、選ばれたというわけだ。

「そう、そう」

――で、総務部、やってみたらどうだった？

「それがねえ。大変だと思っていたこととちがうことが、大変だったのよ」

――えっ？　それってどういうこと？

「う〜〜〜〜〜ん、あのね……、なんて言ったらいいのかなあ、自分のことに責任を持つことより、その前にみんなの意見をまとめることのほうがずっと大変なの」

――ほぉ……なるほど。

「例えば、先生が生徒の態度が悪いって言って怒って出ていっちゃった場合」

――どうするの？

「いちおう、謝りに行くしかないということになるのだけれど、だれが行けばいいのかということでモメにモメる。自分は悪くないと思う人は、自分がそう思われるのは嫌だと言うし、でも悪いと思う人だけ行けばいいというものでもなさそうだし、全体責任と言う人もあるし、とにかくモメにモメる。結局、総務が代表で謝りに行くのだけど」

――実に興味深い話だね。

「だから、おおぜいの意見をすぐにまとめて、すぐに答えを出して行動することは、責任を持って、自分で行動するよりずっとむずかしいことなのよね～」

素晴らしい。否、すんばらしい！　ここでこのましゃべらせておくだけではもったいない。

――待った、なんてイイ話なんだ。もしよければ、今のところまで後ですぐ思い出せるようにメモに書き込んでみてくれないかな。

さすが彼女はもう小5の「女性」でした。タケダ君とはまたわけがちがいました。

すぐに鉛筆を持って書き込む体勢を作りました。この子を教えていたモンテッソーリのおばあちゃん先生は、頑固一徹かつ直線型の人でした。彼女は根がまじめなのか、そもそも賢いのか、以下のとおり、メモのほとんどが文章で出てくるのでした。

4年3学期終わりごろ　整列時のだらだらが嫌になる　号令をかける人もしっかりしない

ふにゃふにゃしている　「小学5年」　春休みに考えた。

「5年になったら、総務に立候補する」

前向きにやる　先生が怒って出ていってしまったときの話

↓おおぜいの意見をすぐにまとめてすぐに答えを出して行動することは、責任を持って自分で行動するよりずっとむずかしい以上のようにして、彼女の抽象構成メモができ上がりました。即座にこれを適宜つなげて文章化します。後から思いついたことも適当につけ加えます。

次に、「夏休み」の周りに書かれた、「別荘のこと」についてのメモを基に文章化です。これは、旅のパンフレットを持参してくれていたので、思ったより簡単にふくらみました。さらに「山小屋での生活」と題して、別荘でのでき事をまとめてくれました。隣のうちの女の子とのふれあいが中心になっています。これまた、なかなかの仕上がりです（くわしくは、のちほど完成形を紹介しますから、そちらで味わってください）。

さて「本が好き」の項目では、『ガンバとカワウソの冒険』という本と、本好きの友達のことなどがまとめられました。「好き」と書いたメモの周囲には、「キキとピーター」という名前をつけたウサギを飼った話が添えられました。

「今の私」という課題ですから、「自分」ということに目を向けて、「積極的に取り組んでいくことに決めた私」という段落と、「2つの困ったこと」と題して「ピアニカ隊に選ばれたこと」と「先生がすすめてくれた本がおもしろくないこと」の段落もつけ加わりました。

もともと、本が好きで、書くのもいやじゃない彼女。どんどん筆が進みます。だいたい書き切ったところで、最後のまとめとなる文章を作ります。

本や総務や音楽のことから学んだことは、「実際にやってみないと何もわからない。」ということだと思います。もしこれらの経験がなければ、たぶん今の私とは、ちがう私になっているでしょう。今の私は調子が良く、自分でも好きな私です。私は当分今の私を続けていきたいと思います。それは、興味のあることや、上達にかんすることに、進んで取り組むということです。私は9月からもそうして行くことに決めました。それは絶対に楽しいことだと思います。

カットアップ手法

さて、ここでカットアップの作業に入ります。

カットアップといっても、そうたいそうなものではありません。単に今まで書いたものを、**どの順番で配置すると、いちばんおもしろくて格好いいかということを考える**だけです。皆さんはどこから始めますか？

彼女が選んだのは山小屋の段です。私もそれがよいと思いました。理屈はありません。ただそのほうがよいと思えるからです。山小屋の原稿を机のいちばん上に置きます。

山小屋の話（山小屋の生活を含む）
↓四年三学期の……総務の話
↓何でも自分から積極的に
↓読書について
↓困ったこと1、2
↓まとめの文章

ここでウサギの話が最後に残って、あれこれやるうちに、「何でも自分から積極的に」の後がふさわしいことがわかりました。また、別荘についての分量が多いので、この文章を別荘で書いている気分で書くことに決めました。

私は、今、長野県の山小屋に来ています。長野県といっても、正確には、下伊那郡浪合村といって、標高千三百メートルくらいの所にあるリゾート地です。私の家では、毎年父のお盆休みの時に必ずここに来ます。名古屋の祖父母は、私たちの来るずっと前からここに来ています。隣家にも人が来て、何人か子どももいます。

山小屋は、あたりを木に囲まれた森の中にあります。どのまどからも緑の木が見えます。キッチンのまどからは、おにぎりのてっぺんのような山が見えます。外へ出て家のうら手を少し歩くと、「馬の背山」という山も見えます。プールやゴルフ場やスキー場などもあります。きれいな川があちらこちらを流れています。空気がきれいで、深呼吸するととてもいい気持ちです。涼しくて、家に入ると暖かく感じられるほどです。私はここでの生活が大好きです。

山小屋での生活

朝7時に母にたたき起こされます。まだねむいのに起こされてちょっと気げん（原稿ママ）が悪くなります。のそのそと服を着て、下の階に行くと、朝食のいいにおいがして、気げんが悪いのなんてどこかに行ってしまいます。朝食を食べ終わっていい気分になっていると母に、「勉強しなさい！」と言われて、また一人でムスっとしながら勉強する。終わって一回はあくびをすると、今度は母に、「まりこー、終わったら、ほらおはしとか運んでぇ。少しは家の手伝いもしなさぁい」と言われて、「いつもちゃんとお手伝いしているもん」と思いながら、言われる通りにする。

お昼を食べていると中で、「まーりこちゃん、あーそーぼ」と言っておとなりの山小屋のゆりえちゃんが来るので、「ＯＫ。そこで待っててぇ」と言って、ご飯をすませて遊びます。ゆりえちゃんは、小学校三年生です。外でたんけんごっこをしたり、ささぶねを流したりして遊びます。ばんご飯は、たいていバーベキューで、ゆりえちゃんの家族と一緒に食べます。食べ終わったら花火をやって、二台の車で近くの温泉に行きます。ゆりえちゃんは、コーヒー牛乳が大好きなので、それを買って、私はピーチジュースを買って家に帰って歯をみがいて寝ます。

ゆりえちゃんは、名古屋に住んでいて、私より二才年下です。家の山小屋が建った時に、もうゆりえちゃんの家の山小屋は建っていました。ゆりえちゃんのおじいさん、おばあさんと、家のおじいさん、おばあさんは仲良しです。でも、ゆりえちゃんと初めて会ったのは、去年の冬ごろです。それまでは、山小屋へ来る時が別々だったので、会うことができませんでした。この時は、三日間毎日遊びました。

「夏に一緒になるといいわねェ」とゆりえちゃんのお母さんが言いました。

ゆりえちゃんはいつも元気で、声が大きく、ニコニコしていて、一緒にいると私まで元気になってきてしまうほど明るい子です。

私は、小さい子が大好きです。一人一人の子がみなちがう所がとてもおもしろいと思います。私は大人になったら、子供に接する仕事につきたいと思っていました。だから大きくなったら、幼稚園の先生になりたいです。

やっぱり山の朝は気持ちがいい。緑に、山、木、鳥、虫、風、空、そして太陽。川へ行く。魚をとる。虫をつかまえる。なんとなく調子がいい。今日はちょっと考え事をしてみよう。

四年生の三学期の終わりごろの事でした。私は、朝礼や移動のために整列する時に、みんながなんとなくダラダラするのがとても気になるようになりました。号令をかける方も、かけられる方も最後までふにゃふにゃして、なかなかきちんとする事がありません。「私が号令の係だったら、少なくとも、号令をかける側だけでもしっかりやるのに」と、思いました。

春休みの間に考えて、五年になったら、総務部に立候補することに決めました。八人くらいの人が立候補しましたが、私は総務の一人に選ばれました。「よし、がんばるぞ」と私は思いました。同時に私は、「これからは、何でも前向きにやろう。そしてどんどん何でも上手にしよう」と努力して行く事を心に誓いました。

総務の仕事で知った事は、急に問題が起きた時に、クラスの意見をまとめるのがとてもむずかしいということでした。例えば、クラスのだれかが先生の指示通りにしなかったために、先生が「もうこんなクラスに教える気はありません。」と言ってでていってしまい、授業ができなくなってしまった時。

「どうしようか。」

「悪い人だけあやまりに行けばいい。」

「そうじゃなくて、クラス全員の責任だ。」

「やだァ、もォ。」

意見を言う人もいれば、勝手なことばかり口にする人もいます。結局、総務が代表であやまりに行くことになりましたが、大ぜいの意見をまとめて、すぐ答えを出して行動するのは、責任を持って自分で行動するよりもずっとむずかしいことがわかりました。

何でも自分から前向きに取り組んで行く事に決めた私は、ほかにも多くのことに挑戦してみました。合唱のためのピアノの練習。方面別下校の副班長に立候補すること、進んで洗濯物をたたむこと、ドリルをたくさんやること、国語の時間にできるだけ積極的に授業参加すること、クラブのフルートをがんばること、テニス部でボールをまっすぐに打ち返す練習、音楽の時間にアルトリコーダーのパートを受け持つこと、小さい子にやさしくすること……よく考えると、みんな自分の好きなことばかりです。

そして、一学期の終わりに、ウサギを飼うことにしました。これまでにも、リスやネコを飼いたいと思ったことがありますが、私の住んでいるアパートでは、ネコは鳴くから禁止、リスはもし逃げると狭いところに入ってしまうのでダメ。しかし、家の近くのペットショップでウサギを見て、とってもかわいいと思ったので母に言うと、実は動物好きの母は、すぐに、「いいわよ。」と言いました。これはライオンウサギという種類です。私は自分の動物を飼うのはこれが初めてです。すぐに、キキとピーターと名をつけて、『ウサギの日記』をつけ始めました。

それから読書のことです。私のクラスには本の好きな人がたくさんいます。中でも、松村さんと西村さんと私は、岩波少年文庫の動物冒険シリーズの大ファンです。特に三人のお気に入りは、斎藤惇夫作、『ガンバとカワウソの冒険』です。ガンバというのはネズミの名前です。さし絵もとてもすてきで気に入っています。西村さんはこの本を三回以上読んだそうです。西村さんは新シリーズの発売当日に買うというすごさです。こういうお友達がいると、私もどんどん読まずにはいられなくなります。でも、松村さんは、ヴァイオリンの勉強のために学校が変わることになりました。松村さんは、私の一番の親友だったのでとても残念ですが、これからはよい本を見つけるたびに手紙で教え合うことにしました。

このように、自分から進んで好きなことをどんどんやると、大変いい気持ちですが、困ったこともおこります。物事に積極的に取り組んで行くと、あまりやりたくないこともたのまれてしまいます。例えば、海兵学寮のピアニカ隊のメンバーに選ばれることです。私は音楽が大好きです。歌うことも演奏することも両方好きです。それもみんなで一緒にやるのが好きです。器楽部はフルート。これは歌うことがありません。でも、音楽の時間は歌を歌うことが出来ます。また、ピアノだったら歌と演奏が両方出来ます。でも、ピアノはクラスに一人です。

音楽会の時に私はピアノに立候補しました。毎日家で練習しました。しかし残念ながら私は選ばれませんでした。そして、そのかわりにピアニカ隊に入るように言われました。私はピアニカ隊をあまりやりたくありませんでした。それはピアニカではみんなと一緒に歌えないからです。でも、「だれかがやらなくてはならない。」と、ガンバの話を思い出して引き受けました。また練習しました。役目ははたせましたが、やっぱりピアニカを持って歩くのは大変でした。ピアニカ隊の他の人たちも「大変だ、でも仕方がない」と言っていました。でも、友達が、「頑張ってネ」と言ってくれたので、少しうれしくなりました。

もう一つの困ったことは、読書についてのことです。すでに書きましたが、私の好きなのは冒険物です。しかし、学校の先生のおすすめは、『星の王子さま』、『銀河鉄道の夜』、『アンネの日記』といった文学っぽい本です。私は『星の王子さま』を読みました。あまり楽しくなくて読むのにとても時間がかかりました。先生のすすめた本おもしろくない。先生は、「絶対楽しい」と言いました。私はとても困りました。楽しいはずの読書が楽しくありません。読む前に、その本がぜったいにおもしろいとわかる方法はないでしょうか。

本や総務や音楽のことから学んだことは、「実際にやってみないと何もわからない。」ということだと思います。もしこれらの経験がなければ、たぶん今の私とは、ちがう私になっているでしょう。今の私は調子が良く、自分でも好きな私です。私は当分今の私を続けていきたいと思います。それは、興味のあることや、上達にかんすることに、進んで取り組むということです。私は9月からもそうして行くことに決めました。そしてそれはぜったい楽しいことだと思います。

以上ですが、すでにここまで5時間余りかけて作ってきました。それは彼女が何としても今日この作文を終わらせたかったからです。そして彼女の忍耐強さも大きな要因です。もう彼女もお疲れのようですが、最後に通して読んでみました。読んでみると、今少し最後の押さえが効きません。これで終わりだという気になれないのです。

文末決定型の日本語では、落語に「さげ」があるように、最後に何か終わりの合図をしないとしっくりこないのです。『伊勢物語』でも『源氏物語』でも決め手のところには和歌が登場します。また、芭蕉の『奥の細道』では、これは俳諧紀行文ですから当たり前のことなのですが、俳句で決めています。ですから、同様に**最後がビシッとこない気がするときには、短い詩でもつければよい**のです。それにこの機会に、頑張るこの子に抽象構成法の詩の作り方も教えておこうと思いました。

すでに仕事が終了したと思い込んだ彼女は、もう疲れて茫然としています。ここで一声、

——あの〜、たいへんお疲れのところ申し訳ないけど、どうも最後まで読んでビシッとこないので、詩をつけようと思うんだけど。

「え〜!?　シィィー？　そんなの無理。だって書いたことないもん。もう私おなかすいちゃった」

——実は、ここに簡単にいい詩が書ける方法があるんだ。詩は言葉が短いのですぐ

終わるよ。覚えておくとこれから得するし、お母さんも喜ぶと思うんだけどな。

「わかった。それってどうやるの？」

――まずこの文章は、別荘に行った気分で書いているから、別荘のことを思い浮かべていい言葉を思いつくことから始めよう。別荘のことで思いついたことを、何でも言ってみて。

「谷川の音。セミの声」

――いいねえ。それから？

「山。雲。風。木の音」

――あの、今、使っていないことに気がついたんだけど、メモにあるこの「紫の花」ってなあに？

「ああ、それは山小屋の窓から身を乗り出すとみえる、下に咲いている小さな花よ。小さくて、紫色だけど名前はわからないの」

――それいいね。それもいただき。それから、今言った言葉は、あなたにとって結局どういう共通点があることになるの？

「共通点？　うぅ～～～～ん。みんな美しい！」

彼女の話を聞いて私が作ったメモ。まだどんなものができるかわかりません。

谷川の音　セミの声
山の上の雲
風が吹く　木の音
名も知らぬ小さな紫の花
みんな美しい

これだけでも、詩のような気もしますが、さらに余裕の遊び心を発揮し、メモを組み替えてみます。

谷川の音　セミの声
風が吹く　木の音
山の上の雲
名も知らぬ小さな紫の花
みんな美しい

——これって耳で聞こえることと、目で見えるものだね。

「そう」

——じゃあ、ここからは自分で書いてみよう。

「何から書くの？」

——最初に、「耳をすます」とでも書き始めれば。後はちょっと言葉を変えるだけできると思うよ。

耳をすます
谷川の音、セミの声
風が吹く、木の音
外を見る
山の上に雲、流れていく
名も知らぬ小さな紫の花
みんな美しい

――おっ、かなりいいのができたね。3行目の「木の音」ってのが、上の行と合わないんだけど、何かいい言葉ない。

「うぅ〜〜〜ん、『木が歌う』っていうのは？」

——おおーそれいいねえ。それとねえ、最後の「みんな美しい」だけど、これじゃあ月並みで、オモロない感じがしない？　もう少し何かくっつけようよ。

「え〜、何でもいいの？」

——何でも言ってみてよ。

「じゃあ、『なぜだか』っていうのは？」

——なぜだかみんな美しい。こりゃいい。これで決まり。よすぎるからリフレインしよう。

耳をすます
谷川の音、　セミの声
風が吹く、　木が歌う

外を見る
山の上に雲、流れていく
名も知らぬ小さな紫の花

なぜだかみんな美しい
なぜだかみんな美しい

「ひえ～、信じられない。かっこよすぎる」

――でも君が書いたんだよ。みんな君が選んだ言葉だよ。詩なんて、言葉をつなげるだけだから実は簡単さ。たいせつなのは、心の中にあるいい言葉を出してくることだよ。材料が決まれば、後はどうでも料理できちゃうんだから。

「でも、私、こんなの自分の作文につけられない。まるで、作家かなんかみたいじゃあない。先生にも私が書いたって信じてもらえないかも」

――事実は君がみんな書いた。これは君の作品だ。まあ学校の先生に何か言われたら、正直に、「お母さんの知り合いの、作文の先生の指導を受けました」とでも言えばいいさ。

「でもー……」

――それじゃあ、家へ帰ってお母さんに見せて、最後にこの詩をつけたほうがいいかどうか決めてもらったら。今日はこれまで、お疲れさま。大丈夫。心配することないって。


当然、母上は大賛成。作文の末尾にこの詩を書き足して提出しました。タイトルはなんと『小さな紫の花』。そして後日談。

母親は9月の面接時に、担任から、「あの作文はどうやって書いたものなのですか？ ほんとうに本人が書いたものなのですか？」と聞かれたそうです。

母親いわく、

「そうです。確かにあの子が書きました」

と。

学校の先生も困ったことでしょう。起承転結もまるでなし。それでいて要求を十二分に満たし、言いたいことを漏れなく書いて、おまけに最後に詩までついているのですから。しかも、本人の個人的体験と、思いから成っているのです。書いた本人は、作文術の極意を知ったのです。しかし、読むほうは、このやり方の存在を知らないのでした。

今回、この本に載せるため、彼女の作文を取り寄せる際に、お母さまから丁寧なお手紙を頂戴しました。彼女は、すでに大学1年生で元気にやっているとのことです。また、学校の会報に載った高2のときの作文が添付され、その内容は、学校合唱でハレルヤの指揮をした充実と感激を語るものでした。

その文章の清冽さに目を見張ると同時に、彼女の成長がうかがえて感無量の気分になりました。あの後背がぐんぐん伸び、背の高い積極的な子になったそうです。

やや奥手で、周囲の様子をうかがって行動していた子が、ある時期から積極的に物事にかかわろうとする子に変貌を遂げていく。子どもを焦らずたいせつに守り育む家庭の愛情が、子どもの真の才能を開花させた当然の結果だと感じます。私は成長した彼女と会って、話がしてみたいと強く思いました。

まとめ

☆長めの作文は、キーワードを選んでから、メモを展開する
☆あらかじめ、どう書くかは決めない。
☆部分のまとまりができてから順番を考える。
☆どうもスッキリ終わらないときは、詩や俳句をつける。
☆詩や俳句も抽象構成法で作る。

第6章

メモ式作文術を使えば読書感想文も簡単に！

読書感想文なんて、めんどくさーい
そんな君に、奥義を教えよう!
ほんとっ!わーい!
本を読まなくても書けちゃう、読書感想文!超裏技です!

本を読まずに感想文は書ける！

みんなが悩む読書感想文

ああ、恐れていたことですが、ついにこの章を書く番がやってきてしまいました。いくら高飛車に、何でも口にする厚顔無恥な私でも、いささか口にするのが恐ろしい気がすることがあるからです。

毎年8月後半は、提出期限の迫った作文の宿題の手助けに追われます。作文ならその場でホイホイなのですが、読書感想文は、まず本を読まなければなりません。そんなこと言ったって、「塾の夏期講習はパンパンにあるし、ほかにもやらなきゃならない勉強や提出物がいっぱい、作文の宿題なんかに長時間取られている暇はない。もう何でもいいから、合格点のもらえる感想文ならそれでいい」。

これが、8月後半に私のところに来る親ごさんやお子さんたちの本音です。こちらとしては、前もって本を読んでいてくれさえすれば、早くて1時間、遅くても2時間で仕上げてみせますと、まるで、駅前のスピード写真屋さんみたいな仕事感覚です。

では、もしあらかじめ本を読んでいないとしたらかかる時間は？　実はその答えは、やっぱり2時間以内なのです。**本を読まずして感想文を書きあげます**。これはもはや、読書感想文の宿題に苦しんだ先人たちが、常に到達する「古典的」なテクニックともいえますが、よいものができる可能性を無視した、単なる事務的な作業です。まじめに宿題を出した先生方からすれば、とんでもない筋違いになると思います。

本を読まずに書く読書感想文は、確かにルール違反です。しかし、そもそもその読書感想文のルールとはいったい何なのでしょうか。

一言で言うと、それは、「自分が読んだ本の主題や内容に添って感想を書くこと」だと思います。さて、これは「作文」と何がちがうのでしょう。作文も多くは題を与えられますが、書いている途中でやや自由に自分の思いを書くことができます。しかし、読書感想文では、その本の内容から離れて、別の思いや空想について書くことはまずありません。あくまでその本のことについて書かなければなりません。つまり、読書感想文とは極めて制約性が濃いタイプの作文と言えるのです。私は前著（『常識破りの日本語文章術』）にて、形式や制約の強制こそが子どもの国語力をダメにする元凶である、と訴えました。作文学習において最もたいせつなことは、日本国憲法よろしく、思想と言論の自由の保障です。

これまで繰り返しお伝えしたとおり、作文とは心に感動があってこそありえるものです。**子どもの作文に期待すべきことは、レトリックではなくて、自己発見**なのですから、子どもに感動がない状態で、ものを書くことを強要することは最も悪い教育の一つといえます。もし読書感想文を書かせるなら、その子が読んで絶対おもしろいと思われる本をいくつか探してきてあげて、その中の一冊を読む状態に上手に移行させ、読書特有の感動体験をさせることに成功したときにさせるべきなのです。課題を出すほうは、「最近の子どもは本を読まなくて、書く力も衰えているから、読書感想文の宿題を出せば、本は読むし文章は書くし、これぞ一石二鳥の学習課題」と安直に思うのでしょうが、読書感想文は、もともと本を読む子にとっても、結構アタマの痛い宿題であるはずです。

子どもが義務でしか作文を書かなくなるのは、つまらない本を読んで、それについて無理やり要求された形式で感想を書かされるからではないか。読む気もしない子に、読むことや書くことを強制することは、作文嫌いにする目的でやっていることに他なりません。中には、読む本すら指定されることもあります。もっと国語が好きになるような教育を考え出すべきだと思います。

だから正直に言うと、私は、読書感想文という宿題はなくなったほうがよいと考えているのです。先生方も、熱心に目を通される方は少ないと思います。無理に書かされた作文の山なんておもしろいわけがありませんから。ともあれ、読書感想文

読書感想文攻略メモ術

<作家紹介メモ>
・あったこと
・出身地
・家庭、家族
・おいたち
・職業
・大きな出来事
・いつの作品か
・（亡くなった年）

<感想もどきメモ>
・印象
・思ったこと
・感じたこと
・疑問に思ったこと
・気になったこと
など

タイトル

<ストーリーメモ>
・いちばんおもしろいシーン
・いちばん印象的なシーン
など

裏表紙、帯、解説文などから
キーワードをメモ

の宿題は、できるだけ短時間に終わらせてしまうことがかしこい選択といえます。

抽象構成法を使えば簡単！

さて、その読書感想文のやっつけ方ですが、これは古典的なやり方です。私たちは、これを抽象構成編集風に考えます。

読書感想文に、どうしても必要な（あるいは、あってもかまわない）コンテンツ（内容）とは何でしょうか。それは、①**筆者の紹介**と、②**本の内容の紹介**と、③**自分の感動したところ**（オモロイと思ったところ）です。このうち前二者は、実はだれが書いてもそう変わるものではありません。③についても、もし目次と後書きで、充分に内容が汲み取れたら、そこから言葉を拾えば抽象構成できてしまいます。

ですから、もし先方の要求が原稿用紙3枚以上だったなら、①と②で1枚以上、残り③で2枚弱のものを作ればよいことになります。従って、この読書感想文を書くためには、少年少女文庫に入っているような、やや解説がしっかりしているもので、教師がまず読んだことがなさそうなものを選ぶことが無難です。しかし、逆に、だれもが小さいころあらすじくらい耳にしたことがあるような、超有名な作品を取り上げてもよいでしょう。

ここでパクリングを行います。一言で言うと「引用」です。

まず、**表紙裏か帯に書いてあることを読み取り、この本の内容を予想します**。ここでメモを取りながらやると、後で楽です。**次に解説を読んで、作者紹介で使えそうな内容を書き抜き原稿用紙に直接書き込みます**。自分らしい言葉に変えてもOKです。

さて次に、作品を解説する部分からストーリー要約の骨子になりそうなところをメモります。また、すでに得た知識と、目次からストーリーを想像し、要約に役立つ言葉を抜き出してメモります。**そして、これらをつなぎ合わせて、ストーリー要約文を作っていきます**。これで原稿用紙1枚程度でしょう。この作業と同時に、感想に使えそうな、できるだけ生き生きしたところもメモに抜き出しておきます。

そして、ピンポイントで書きたいハイライトシーンを決めて、必要な言葉を本文から抽出し、メモと合わせて文を組み立て、必要な字数分くらいの**「感想もどき文」を構成します**。これを先のストーリー部分の後に書き込んで、終わりの体裁を整えて、ハイおしまいです。

言葉を拾って、自在につなげるだけ！

説明よりも実践。

実際に、皆さん、よくご存じのお話『ガリバー旅行記』の感想文を書いてみましょう。これを子ども用の文庫本で入手します。

まず表紙裏と帯などからメモ。

楽しい冒険　イギリス諷刺文学の傑作　小人国　大人国　飛ぶ島、日本に立ち寄る!

馬の国

ご存じの方も多いと思いますが、実は、ガリバーが行くのは小人の国だけではありません。

本の終わりの解説を読んで、作者紹介と作品紹介の部分に線を引いたり、メモを作ったりしたら、それを適当につないで文章化します。

＊作家紹介メモ

1667年アイルランド・ダブリン生まれ　両親イギリス人、父親は3才のとき亡くなる　恵まれない子ども時代　ダブリンの大学　政治家の秘書→死んでしまう　故郷で牧師　諷刺作家として有名　ペンによって政府と戦う

ガリバーは1726年、59才のときの作品　1745年死亡

＊ストーリーメモ

この物語のいちばんの魅力は、不思議な国を見てまわる、わくわくするような冒険の楽しさにあります（ほぼ解説文そのまま）　ガリバーは小人国で小人の艦隊を引っ張り、大人国で大鎌に追われ、空を飛ぶ島ではへんてこりんな研究にとり

つかれている学者たちに出会い、そして馬の国フウイヌムでは理想の社会を見い出します。最後にガリバーは、親切なペドロ船長に助けられて、人間の国に戻って来ます。（解説文より抜粋して接合）

感想文を作ってみた

『ガリバー旅行記』（ジョナサン＝スウィフト作、加藤光也訳、講談社　青

い鳥文庫）を読んで

6年2組　松井一郎

この本の作者のスウィフトは、1667年にアイルランドのダブリンで生まれました。

両親はイギリス人ですが、父親はスウィフトが3才のときになくなりました。

恵まれない子ども時代を過ごした後、ダブリンの大学を出て政治家の秘書をします。しかし、この人が死んだため、故郷に戻って牧師の職につきます。だんだん諷刺作家として有名になる一方で、ペンによって政府と勇敢に戦ったりもしました。『ガリバー旅行記』を出版したのは1726年のことで、スウィフトが59才のことでした。彼が死んだのは1745年でした。

この物語のいちばんの魅力は、不思議な国を見てまわる、わくわくするような冒険の楽しさにあります。ガリバーは、小人国で小人の艦隊を引っ張り、大人国では大鎌に追われ、空に浮かぶ島ではへんてこりんな研究にとりつかれている学者たちに出会い、そして馬の国フウイヌムでは理想の社会を見い出します。最後にガリバーは、親切なペドロ船長に助けられて、人間の世界に戻って来ます。

さて学校の指定が3枚（400字の原稿用紙で）以上の場合、あとこれと同じ分だけ「感想もどき」を書けばよいわけです。ピンポイントで書きたい箇所をガリバーの日本滞在にした場合は、その部分と、第1章冒頭のガリバーの紹介に目を通してメモを作ります。

＊感想もどきメモ
ガリバーは医者だった　お客が集まらないので船医になった
記憶力がよくて言葉が得意　1699年南洋航海に出る　日本に来るのは1709年　税関の役人？　エドで皇帝？　に会う　これって徳川家継？　元禄時代？　新井白石の時代？
オランダ人に化ける　踏み絵かんべん　長崎がナンガサク
オランダ船アンボイナ号の船医として帰国

さてこれを基に文章を作りますが、分量を増やすため、適当なものを随時つけ加えます。このとき（実際この作文を作った子はそうだったのですが）、例えば受験勉強中で、割と歴史好きの子であれば、歴史の智識を盛り込み、それがおもしろかったことにします。

ガリバーの職業は医者でした。医者をやってももうからないので船医になって航海に出るのです。そして記憶力がよくて言葉が上手だったので行った先々で活躍できるのです。

ぼくは、ガリバーが日本へも来ていたことを読んで、なぜだかとても興奮しました。ガリバーは、日本ではオランダ語を話してオランダ人に化けます。

ガリバーが初の南洋航海に出るのは1699年のことです。日本に来るのは飛ぶ国の帰りで、1709年のことです。この時代は元禄時代の終わりごろで鎖国中のはずです。将軍は第6代の家継です。新井白石がイエズス会宣教師から聞いた話を『西洋紀聞』に著したのは1715年のことです。

ガリバーが会った「皇帝」は、家継のはずです。エド（江戸）とかナンガサキ（長崎）といった地名も出てきます。クリスチャンのガリバーは、何とか「十字架踏み」（踏み絵）をさせられないように苦労します。そして長崎からオランダ人船医として帰国します。
スウィフトが『ガリバー旅行記』を書いたのは、1726年のことです。いったいどうやって日本のことを知ったのでしょう。日本では踏み絵ができないとヒドイ目にあうということが、はるか海の向こうまで知れ渡っていたことに驚きます。でもスウィフトが牧師であったことを思うと、これもわかるような気がします。

ここで結びとして、

最後ですが、この作品は、イギリス諷刺文学の傑作だそうです。広辞苑に

よれば、諷刺とは「遠回しに社会・人物の欠陥や罪悪などを批判すること」だそうです

を加えます。時間がないなら、これで終わりでもいいのですが、余裕があれば、例えば以下のようなものを、結びの前に入れて、より感想文（もどき）らしくします。

ぼくが『ガリバー旅行記』を読んで思ったことは、職業と人生の関係です。医者という、どこでも通じる職業があったから、どこへでも行くことができた。語学ができたからおもしろい冒険ができた。スウィフトは牧師だったか

ら、海外の情報を知ることができた。
今、ぼくは将来のためを思って受験勉強中ですが、この本を読んでこれが絶対役に立つことだと思うことが出来ました。

これで総計一行20字で64行の感想文ができ上がりました。立派なものです。いかがでしょう。この方法は、どんな作品にも応用できます。読まずに書く感想文の書き方を説明するのは、私としても不本意ではありません。ただ、何度も言いますが、学校の宿題としての読書感想文の弊害をなくしたい。そして、どんな子どもも、自分の思いを、自由に書きしるす作文のおもしろさに、一日も早く目覚めてほしい。その思いからすすめています。

まとめ

☆読書感想文は本来、ほんとうに感動した本を読んだときに書けばいい。
☆必要なコンテンツは、作者紹介と作品紹介と感想もどき。
☆作者紹介と作品紹介は、解説などからパクってまとめる。
☆解説と目次、冒頭、ハイライトシーンを読んでメモを作る。
☆「余計な情報」を付け加えながら、メモを文章化する。
☆もっともなまとめ部分を解説などからパクって作る。
☆この作業をすぐにこなす練習は、受験勉強に役立つ。
☆読書感想文などの課題作文は、可能な限り短時間で処理させることを学習目的にする。

あとがき

私の作文術の恐ろしいところは、自由に書けることを知った子どもたちが、急成長して大人がフラフラにさせられるところです。自分の思いをいつでも書いて公開できる。この確信は、ふだんの学習、行動に大きな影響を与えるようです。

人間は、自身の感情を自己表現する動物です。そしてそれを言葉で表現することは最高法で保障され、腕力であらわすことは、刑法で禁じられています。たとえ他者に与えられたものにせよ、わが国の憲法は、平和が言論の自由においてこそ、成就されることを規定しています。私はこの姿勢を正しいと思います。どんなに強い暴力も、たった1枚の紙に書かれた言葉で撃退されるのだと考えます。

私たちが「人権」を手にするとき、「義務」としてそれを積極的に駆使することが要求されます。もし「オカシイ」と思うことや、「オモロイ」と思うことを、即座に文章化できるようになると、不正行為が減り、文化現象が高まるのです。

グローバル化する世の中では、自己のアイデンティティーが必要です。外国人に、私たち日本人と、ビジネスやお金のためではなく、人間性への興味からつきあいたいと思わせることが要求されます。そしてその際にたいせつなのが、個人の体験に裏打ちされた、価値判断の表明になると思います。

内容のある体験と、自己表現力。バーチャルな疑似体験と他者追随が横行する、先行き不安な今の世の中、私たちが次世代に何としても伝えるべきことの核心が、この二つだと思います。そして、そのための柱となるのが作文教育だと思います。この本では、だれでも自由に心に浮かんだことを表現できる方法を示しました。このやり方を身につければ、単に文章が書けるようになるばかりか、将来の発展の礎となります。永遠の発展の礎が築かれるはずです。読者である大人が、できるだけ多くのお子さんに、このやり方を伝えてくださるようお願いしたいと思います。

最後に、たいせつにとっておいた作文を、この本のために、心おきなく使わせてくれた生徒諸君に感謝して、あとがきに代えます。

松永暢史

メモしてつなげるだけ！
スラスラ作文術

発行日 2011年11月12日　第1版第1刷

編者　松永暢史
イラスト　ラウラ・スタニョ（opon）
デザイン　甲田圭司（opon）
編集　柿内尚文、小林英史
編集アシスタント　舘 瑞恵
発行人　高橋克佳
発行所　株式会社アスコム
〒105-0002　東京都港区愛宕1-1-11　虎ノ門八束ビル7F
編集部　TEL：03-5425-6627
営業部　TEL：03-5425-6626　FAX：03-5425-6770
印刷　中央精版印刷株式会社

ISBN978-4-7762-0707-8

本書は、2003年に主婦の友社から刊行された
『親子で遊びながら作文力がつく本』
を加筆訂正して作られました。

アスコムのベストセラー

第2弾! 伸行13歳から19歳までの物語

のぶカンタービレ!

全盲で生まれた
息子・伸《の》行《ふ》がプロの
ピアニストになるまで
辻井いつ子

感動のベストセラー
10万部突破!!

あきらめなければ
神様は微笑んでくれるんです

「伸行くんはステージで演奏することを、
本当に理屈抜きに純粋に喜んでいますね」
これは、うれしい言葉でした。思えば、伸行が大好きな
人気テレビドラマ「のだめカンタービレ」でも、
主人公はクラシック界の慣習にとらわれずに、伸び伸びと
演奏しています。その姿が人々に幸せな気持ちをよびおこすのです。
伸行が演奏中に身体を揺らし、喜びを発散させる姿もまた、同じエネルギーがあります。
――伸行、ショパン・コンクールのセミファイナルでも、もっともっと、
歌うように(カンタービレ)! 聴衆全体を幸せにしてほしいと願うばかりです。　辻井いつ子

定価:1575円(税込)　978-4-7762-0508-1

絶 賛 発 売 中 !!

店頭にない場合はTEL:0120-29-9625かFAX:0120-29-9635までご注文ください。
アスコムホームページ(http://www.ascom-inc.jp)からもお求めになれます。